Impressum
Verlag: BABADADA GmbH, Nedderfeld 112 , 22529 Hamburg
Geschäftsführer / Verlagsleitung: Harald Hof
Druck: Books on Demand GmbH, In de Tarpen 42, 22848 Norderstedt

Imprint
Publisher: BABADADA GmbH, Nedderfeld 112 , 22529 Hamburg, Germany
Managing Director / Publishing direction: Harald Hof
Print: Books on Demand GmbH, In de Tarpen 42, 22848 Norderstedt

sekolo
el colegio

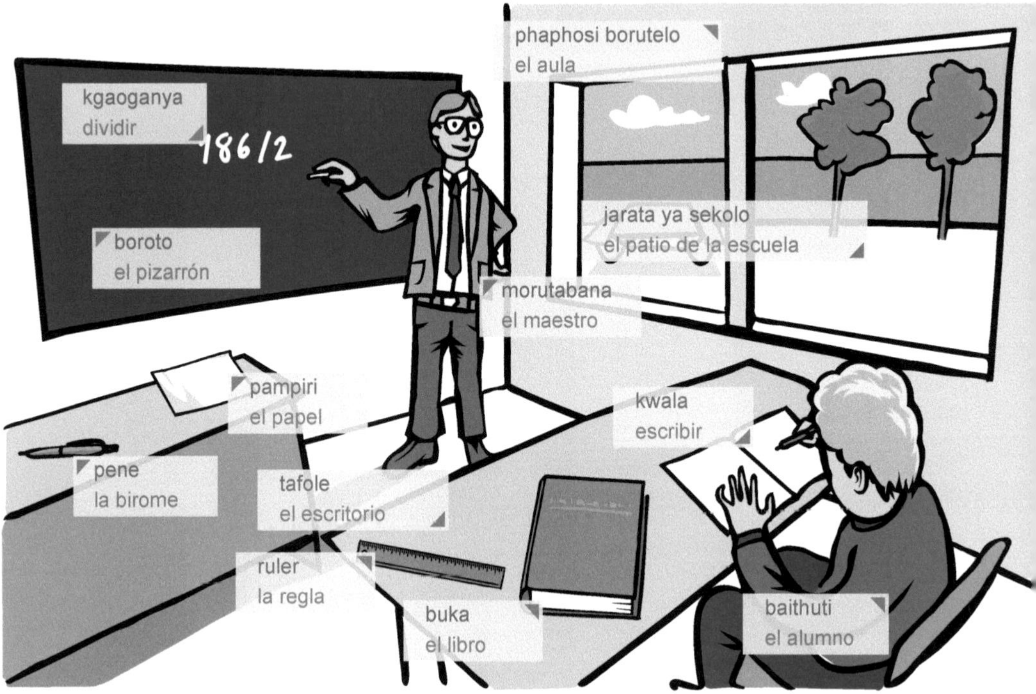
phaphosi borutelo
el aula
kgaoganya
dividir
186/2
boroto
el pizarrón
jarata ya sekolo
el patio de la escuela
morutabana
el maestro
pampiri
el papel
kwala
escribir
pene
la birome
tafole
el escritorio
ruler
la regla
buka
el libro
baithuti
el alumno

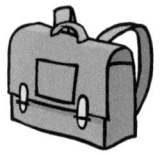

kgetsana ya dibuka

la mochila

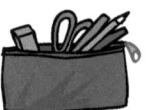

setsenya dipensele

la caja de lápices

pensele

el lápiz

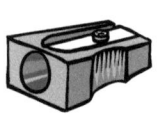

seseta pensele

el sacapuntas

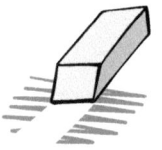

sephimola

la goma (de borrar)

boto ya go torowa

el bloc de dibujo

torowa

el dibujo

boratšhe jwa pente

el pincel

bokose ya pente

la caja de pinturas

dikere

la tijera

sekgomaretsi

el pegamento

buka ya go kwalela

el cuaderno de ejercicios

tirogae

la tarea

palo

el número

2+2

tlhakanya

sumar

5-2

kgaoganya

restar

2×2

atisa

multiplicar

khalkhuleitara

calcular

lekwalo

la letra

alfabete

el abecedario

lefoko

la palabra

mafoko
....
el texto

bala
....
leer

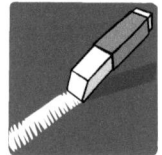

choko
....
la tiza

thuto
....
la lección

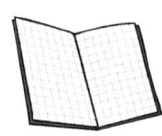

rejistara
....
el cuaderno de clase

tlhatlhobo
....
el examen

setifikeiti
....
el certificado

diaparo tsa sekolo
....
el uniforme escolar

thuto
....
la educación

encyclopedia
....
la enciclopedia

unibesithi
....
la universidad

mikoroskoupo
....
el microscopio

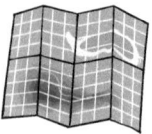

mmepe
....
el mapa

moteme wa dipampiri
....
el tacho (de basura)

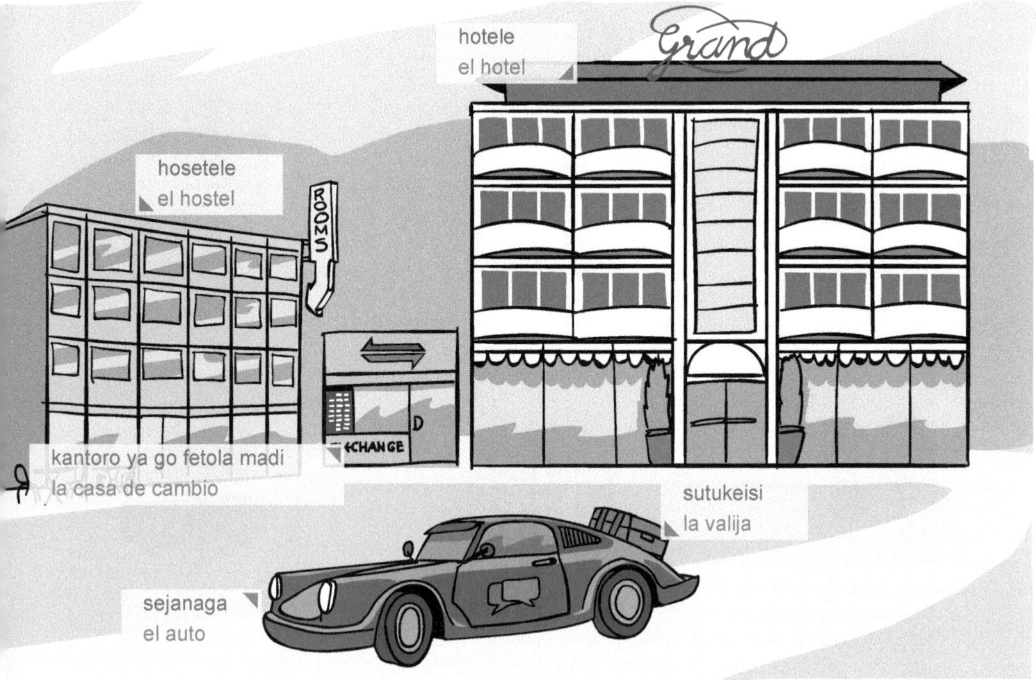

hotele
el hotel
Grand
hosetele
el hostel
ROOMS
CHANGE
kantoro ya go fetola madi
la casa de cambio
sutukeisi
la valija
sejanaga
el auto

puo

el idioma

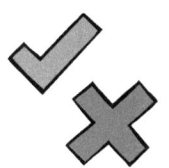

ee / nnyaa

sí / no

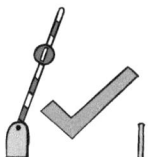

Go siame

Está bien

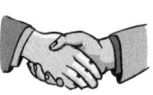

dumela

hola

moranodi

el traductor

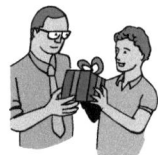

Ke a leboga

Gracias

ke bokae…?

¿cuánto cuesta…?

ga ke tlhaloganye

No entiendo

bothata

el problema

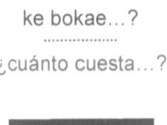

O itumelele bosigo!

¡Buenas tardes!

Dumela!

¡Buenos días!

Robala Sentle!

¡Buenas noches!

tsamaya sentle

el adiós

tsela

la dirección

dithoto

el equipaje

kgetsi

el bolso

kgetsi

la mochila

moeng

el invitado

phaposi

la habitación

kgetsana ya go robalela

la bolsa de dormir

mogope

la carpa

tshedimosetso ya mojanala

la información turística

lewatle

la playa

karata ya go tsaya sekoloto

la tarjeta de crédito

sefitlholo

el desayuno

dijo tsa motshegare

el almuerzo

dijo tsa maitsiboa

la cena

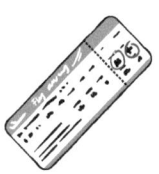

tekete

el pasaje

lifiti

el ascensor

setempe

el sello

bodara

la frontera

dingwao

la aduana

embassy

la embajada

visa

la visa

lokwalo itshupo

el pasaporte

sepalangwa

el transporte

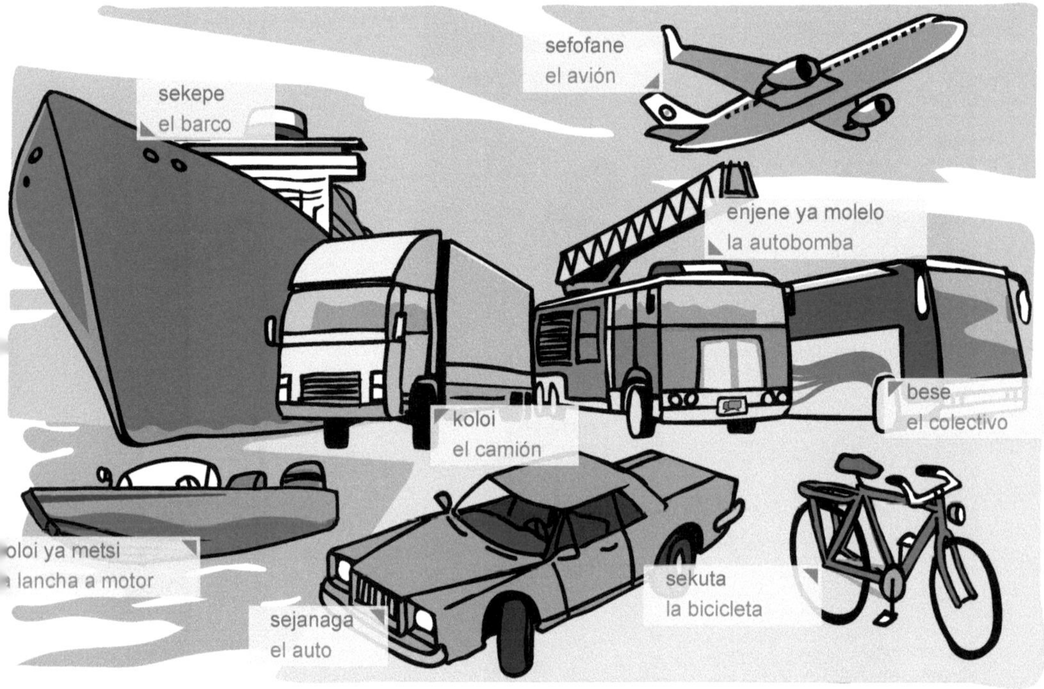

sefofane
el avión
sekepe
el barco
enjene ya molelo
la autobomba
bese
el colectivo
koloi
el camión
oloi ya metsi
lancha a motor
sekuta
la bicicleta
sejanaga
el auto

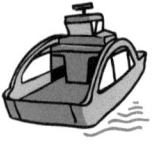

feri

el ferry

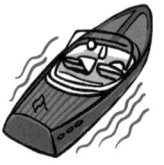

sekepe

el bote

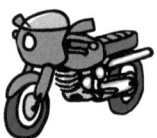

sethuthuthu

la moto

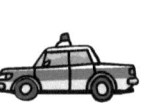

sejanaga sa mapodisa

el patrullero

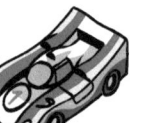

sejanaga sa lobelo

el auto de carreras

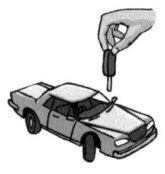

sejanaga se se hirilweng

el auto de alquiler

aroganya sejanaga

el alquiler de autos

koloi e e gogang dikoloi tse di robegileng

la grúa

koloi e e tsayang matlakala

el camión de la basura

koloi

el motor

lookwane

la nafta

seteišhene sa lookwane

la estación de servicio

letshwao la pharakano

la señal de tránsito

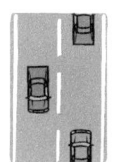

pharakano

el tránsito

pharakano

el embotellamiento

lefelo la go emisa koloi

el estacionamiento

seteišhene sa terena

la estación de tren

mela

las vías

terena

el tren

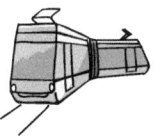

tereme

el tranvía

kolotsana

el vagón

sefofane

el helicóptero

boemeladifofane

el aeropuerto

tora

la torre

mopalami

el pasajero

sekhafothini

el contenedor

bokoso

la caja de cartón

karaki

la carretilla

basekete

la canasta

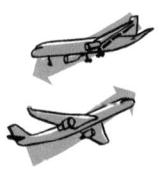

go tsamaya / go fitlha

despegar / aterrizar

toropo

la ciudad

motse

el pueblo

legare la teropo

el centro de la ciudad

ntlo

la casa

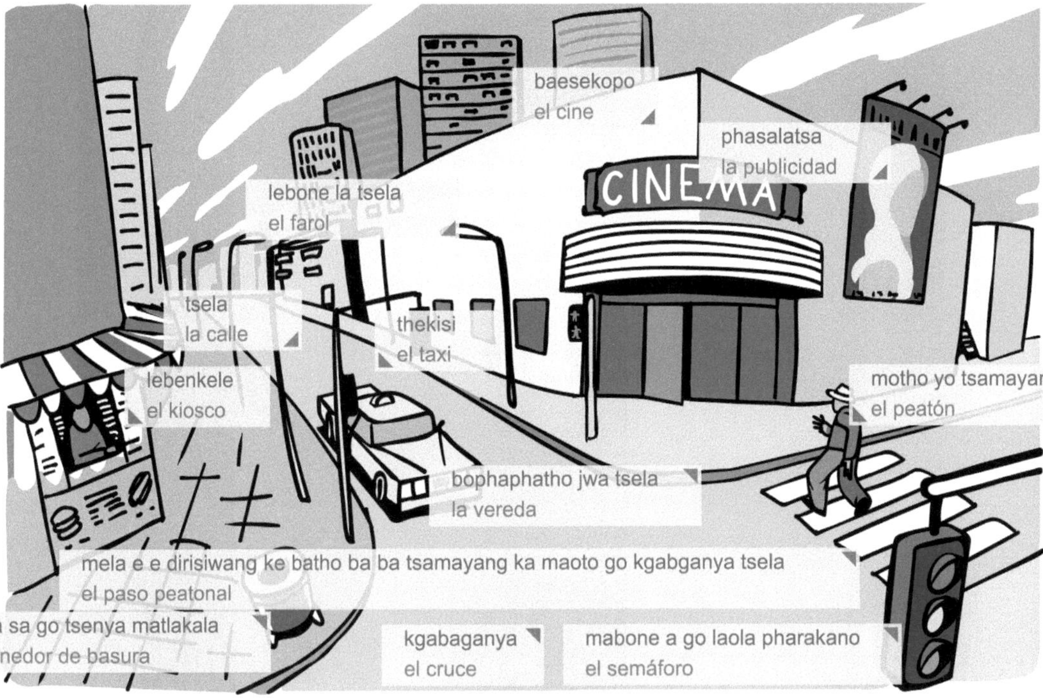

baesekopo
el cine

phasalatsa
la publicidad

lebone la tsela
el farol

CINEMA

tsela
la calle

thekisi
el taxi

lebenkele
el kiosco

motho yo tsamayar
el peatón

bophaphatho jwa tsela
la vereda

mela e e dirisiwang ke batho ba ba tsamayang ka maoto go kgabganya tsela
el paso peatonal

a sa go tsenya matlakala
nedor de basura

kgabaganya
el cruce

mabone a go laola pharakano
el semáforo

ntlo e e ruletseng ka bojang

....
la cabaña

sephara
....
el departamento

seteišhene sa terena
....
la estación de tren

ntlolehalahala la toropo
....
la municipalidad

museamo
....
el museo

sekolo
....
el colegio

unibesithi

la universidad

banka

el banco

sepetlele

el hospital

hotele

el hotel

lefelo la melemo

la farmacia

kantoro

la oficina

lebenkele la dibuka

la librería

lebenkele

el negocio

batho ba ba rekisang malomo

la florería

lebenkele

el supermercado

maraka

el mercado

lebenkele la diaparo

las grandes tiendas

fishmongers

la pescadería

moago wa mabenkele a a mantsi

el centro comercial

boema dikepe

el puerto

serapa

el parque

banka

el banco

borogo

el puente

ditepisi

las escaleras

kwa tlase ga lefatshe

el subte

kgogometso

el túnel

boemela bese

la parada del colectivo

bara

el bar

lefelo la go jela

el restaurante

lebokose la pose

el buzón

letshwao la tsela

el letrero

mitara wa go emisa koloi

el parquímetro

lefelo la go bonela
diphologolo

el zoológico

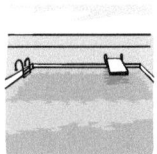

letlodi la go thuma

la pileta

tempele ya mamoselema

la mezquita

polase

la granja

kgotlelelo

la contaminación

mabitla

el cementerio

kereke

la iglesia

lefelo la go tshamekela

los juegos infantiles

temple

el templo

boago jwa lefelo
el paisaje

setlhatsana
la hoja

matshwao
el poste indicador

tsela
el camino

ditlhaga
la pradera

letlapa
la piedra

motho yo o tsamayang mo thabeng
el excursionista

setlhare
el árbol

noka
el río

bojang
la hierba

lelomo
la flor

mokgatšha

el valle

thatshana

la montaña

lekadiba

el lago

sekgwa

el bosque

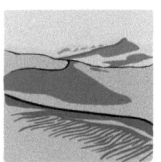

sekaka

el desierto

lekgwamolelo

el volcán

khasele

el castillo

motshe wa badimo

el arco iris

leboa

el champiñón

mokolana

la palmera

montsane

el mosquito

tshenekegi

la mosca

tshoswane

la hormiga

notshi

la abeja

segokgo

la araña

khukhwana

el escarabajo

segwagwa

la rana

mosha

la ardilla

noko

el erizo

mmutla

la liebre

morubisi

la lechuza

nonyane

el pájaro

pidipidi

el cisne

dikolobe tsa naga

el jabalí

kgokong

el ciervo

moose

el alce

letamo

la presa

sefetlhaphefo

el aerogenerador

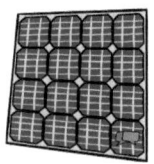

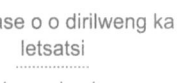

motlakase o o dirilweng ka letsatsi

el panel solar

loapi

el clima

lefelo la go jela
el restaurante

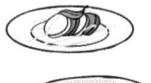

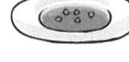

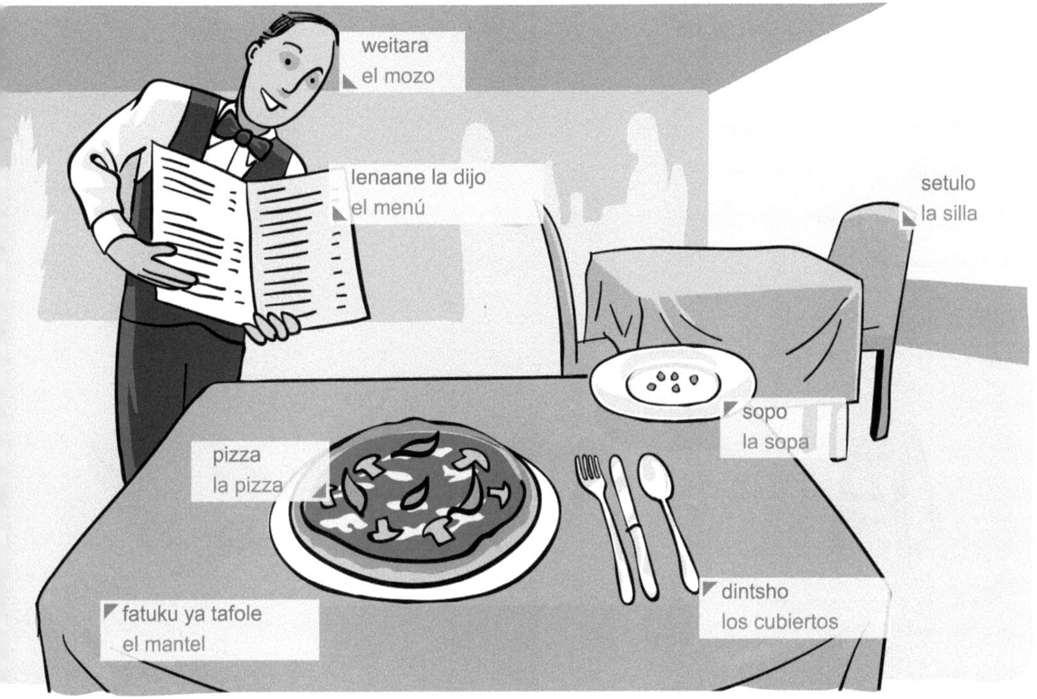
weitara
el mozo
lenaane la dijo
el menú
setulo
la silla
sopo
la sopa
pizza
la pizza
dintsho
los cubiertos
fatuku ya tafole
el mantel

sejo sa ntlha

la entrada

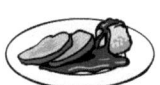

sejo sa bobedi

el plato principal

dijo tse di naleng sukiri

el postre

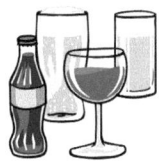

dino

las bebidas

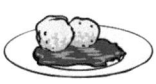

dijo

la comida

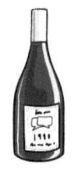

botlolo

la botella

dijo tsa mo strateng

la comida rápida

dijo tsa seterata

la comida callejera

ketlele ya tee

la tetera

sejana sa go tsenya sukiri

la azucarera

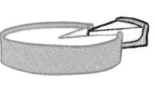

karolo

la porción

motšhini wa espresso

la cafetera expreso

setulo se se kwa godimo

la sillita alta

tshupamolato

la cuenta

terei

la bandeja

thipa

el cuchillo

forotlho

el tenedor

liso

la cuchara

leswana

la cucharita

lesela la go iphimola

la servilleta

galase

el vaso

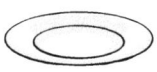

poleiti

el plato

poleiti ya sopo

el plato hondo

sosara

el plato

sopo

la salsa

sejana sa letswai

el salero

sesila pepere

el molinillo de pimienta

aseini

el vinagre

oli

el aceite

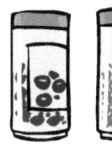

ditswaiso

las especias

tamati souso

el kétchup

masetete

la mostaza

mayonaese

la mayonesa

lebenkele

el supermercado

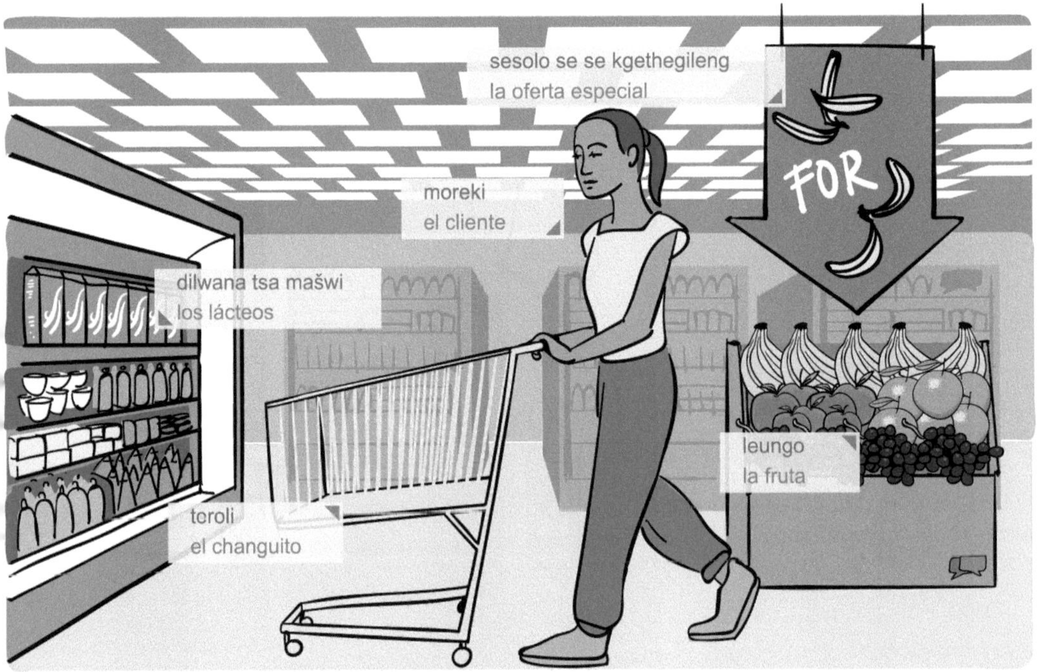

sesolo se se kgethegileng
la oferta especial
moreki
el cliente
dilwana tsa mašwi
los lácteos
leungo
la fruta
toroli
el changuito
FOR

BUTCHERS

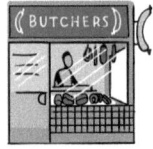

batho ba ba segang nama

la carnicería

BAKERY

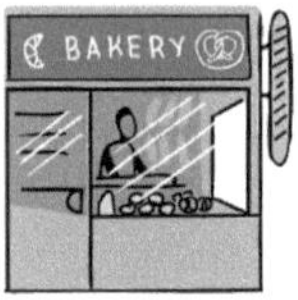

babaki

la panadería

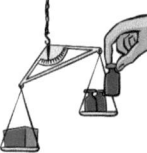

boima

pesar

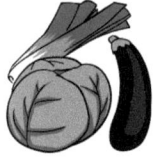

merogo

las verduras

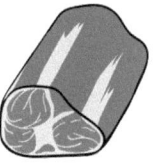

nama

la carne

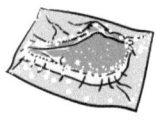

dijo tse di aesitsweng

los alimentos congelados

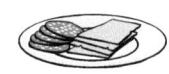

nama e e sa tlhokeng go apewa

los fiambres

dijo tsa thini

los alimentos enlatados

molora o o tlhatswang

el detergente en polvo

dimonamone

las golosinas

dilwana tsa ntlo

los electrodomésticos

dilwana tsa go phepafatsa

los productos de limpieza

morekisi

la vendedora

motšhini wa madi

la caja

morekisi

el cajero

lennane la go reka

la lista de compras

diura tsa go bula

el horario de atención

sepatšhe

la billetera

karata ya go tsaya sekoloto

la tarjeta de crédito

kgetsi

la cartera

kgetsi ya polasetiki

la bolsa de plástico

dino

las bebidas

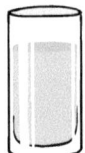

metsi

el agua

jusi

el jugo

mašwi

la leche

khouku

la bebida cola

beine

el vino

biri

la cerveza

bojalwa

el alcohol

khoukhou

el cacao

tee

el té

kofi

el café

esepereso

el café expreso

cappuccino

el cappuccino

panana

la banana

apole

la manzana

namune

la naranja

legapu

el melón

surunamune

el limón

segwete

la zanahoria

konofole

el ajo

lotlhaka lwa bampuse

el bambú

eie

la cebolla

mabowa

el champiñón

manoko

las nueces

di-noodles

los fideos

sepagethi

los tallarines

raese

el arroz

salate

la ensalada

ditšhipisi

las papas fritas

ditapole tse di gadikilweng

las papas fritas

pizza

la pizza

hamburger

la hamburguesa

borotho jo bo tlapisitsweng

el sándwich

nama e e gadikilweng

el churrasco

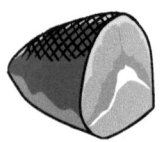

nama ya kolobe

el jamón

salami

el salame

boroso

la salchicha

koko

el pollo

gadika

el asado

tlhapi

el pescado

bogobe jwa outse

los copos de avena

muesli

el muesli

cornflakes

los copos de maíz

bupi

la harina

croissante

la medialuna

banse

el pancito

borotho

el pan

borotho jo bo besitsweng

la tostada

bisikiti

las galletitas

botoro

la manteca

tšhisi

la cuajada

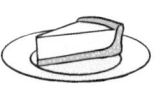

kuku

la torta

lee

el huevo

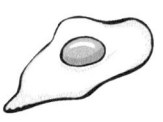

lee le le gadikilweng

el huevo frito

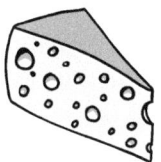

kase

el queso

aesekirimi

el helado

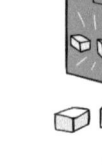

sukiri

el azúcar

mamepe a dinotshe

la miel

jeme

la mermelada

chokolete e e tshasiwang

la pasta de chocolate

khari

el curry

polase
la granja

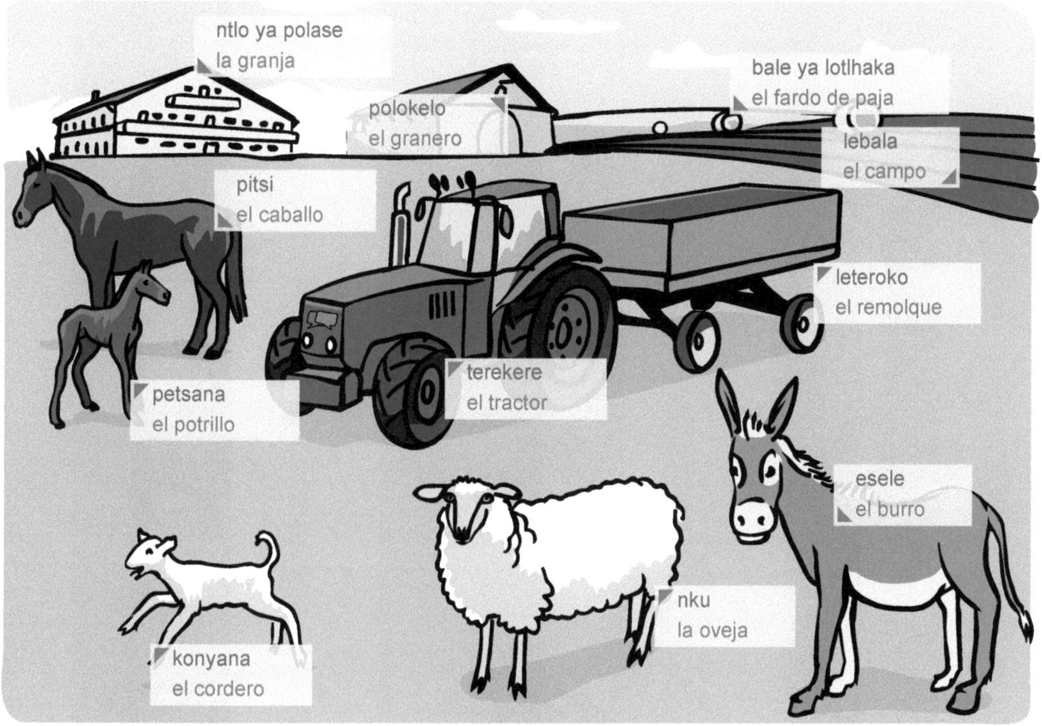
ntlo ya polase
la granja
bale ya lotlhaka
el fardo de paja
polokelo
el granero
lebala
el campo
pitsi
el caballo
leteroko
el remolque
terekere
el tractor
petsana
el potrillo
esele
el burro
nku
la oveja
konyana
el cordero

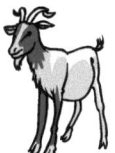

pudi
....
la cabra

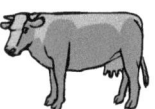

kgomo
....
la vaca

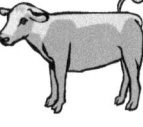

namane
....
el ternero

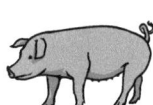

kolobe
....
el cerdo

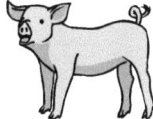

kolojane
....
el lechón

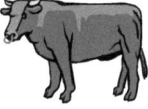

poo
....
el toro

ganse

el ganso

pidipidi

el pato

kokwanyana

el pollo

mokoko

la gallina

mokoko

el gallo

peba

la rata

katse

el gato

peba

el ratón

kgomo

el buey

ntša

el perro

ntlo ya ntša

la cucha

lethompo la tshingwana

la manguera

tanka ya go nosetsa

la regadera

disekele tsa tshipi

la guadaña

lema

el arado

disekele

la hoz

setlhagola

la azada

foroko ya go peta

la horquilla

selepe

el hacha

kiribae

la carretilla

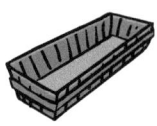

bonwelo

el abrevadero

mašwi a a moteng ga
moteme

la lechera

kgetsana

la bolsa

legora

la reja

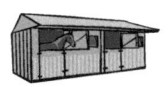

tsepame

el establo

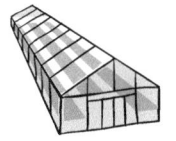

lefelo la go godisa dijalo

el invernadero

mmu

el suelo

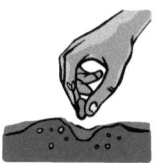

peo

la semilla

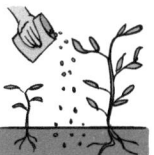

menyoro

el fertilizador

thobo e e kopaneng

la cosechadora

thobo

cosechar

thobo

la cosecha

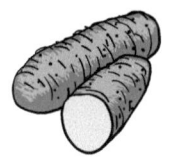

di-yam

las batatas

korong

el trigo

soya

la soja

tapole

la papa

korong

el maíz

disonobolomo

la semilla de colza

setlhare sa maungo

el árbol frutal

cassava

la mandioca

dijo tsa phakela

los cereales

ntlo

la casa

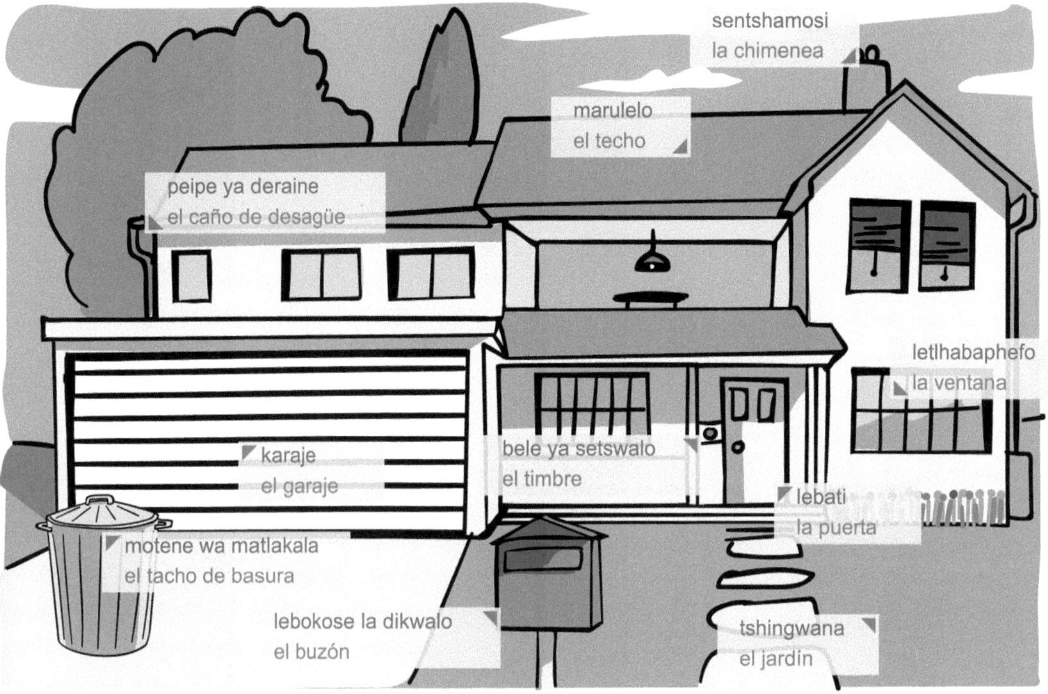
sentshamosi
la chimenea
marulelo
el techo
peipe ya deraine
el caño de desagüe
letlhabaphefo
la ventana
karaje
el garaje
bele ya setswalo
el timbre
lebati
la puerta
motene wa matlakala
el tacho de basura
lebokose la dikwalo
el buzón
tshingwana
el jardín

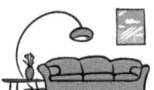

phaposi ya bodulo

el living

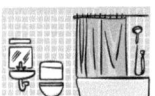

phaposi ya go tlhapela

el baño

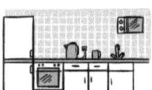

boapeelo

la cocina

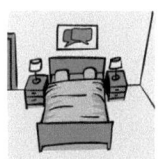

phaposi ya borobalo

el dormitorio

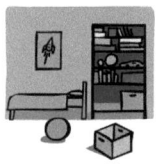

phaposi ya bana

el cuarto de los chicos

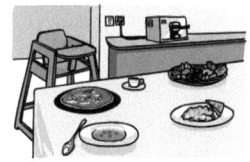

phaposi ya bojelo

el comedor

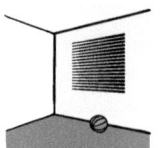

mo fatshe
el piso

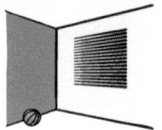

lebota
la pared

siling
el cielorraso

mabolokelo
el sótano

se futhumatsa mmele
el sauna

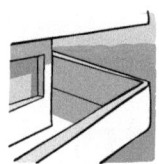

mokatako
el balcón

mokgekolosa
la terraza

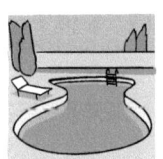

makadiba
la pileta

sedirisiwa sa go sega
bojang
la cortadora de pasto

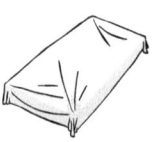

lakane
la sábana

kobo
el acolchado

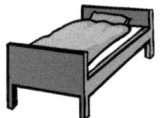

bolao
la cama

lefielo
la escoba

kgamelo
el balde

switch
el interruptor

phaposi ya bodulo
el living

pampiri e e kgabisng lebota
el empapelado
setshwantsho
la imagen
lobone
la lámpara
raka
el estante
raka
el armario
thelebishene
la televisión
iso
la chimenea
lelomo
la flor
mosamo
el almohadón
soufa
el sofá
setsenya malomo
el florero
selaola thelebishene o le kgakala le yone
el control remoto

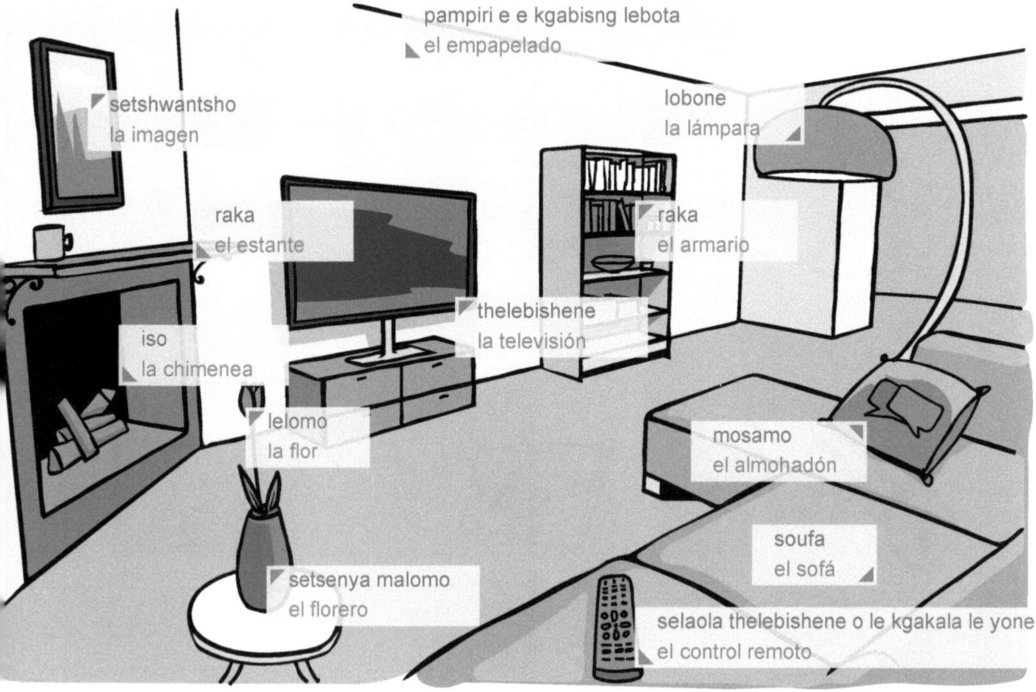

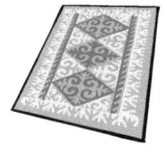

mmetshe
la alfombra

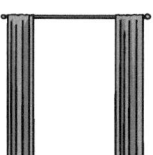

garetene
la cortina

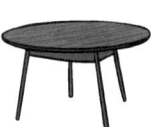

tafole
la mesa

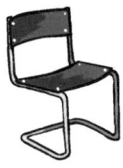

setulo
la silla

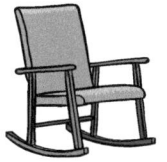

setulo se se binang
la mecedora

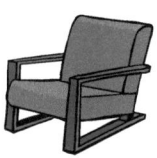

setulo se se naleng boikego
el sillón

buka

el libro

kobo

la frazada

mokgabiso

la decoración

dikgong tsa molelo

la leña

filimi

la película

hi-fi ya go letsa

el equipo de música

selotlolo

la llave

lokwalodikgang

el diario

setshwantsho se se dirilweng ka pente

la pintura

pampiri ya go phasalatsa

el póster

seyalemowa

la radio

buka ya dintla

el cuaderno

huvara

la aspiradora

motoroko

el cactus

kerese

la vela

boapeelo
la cocina

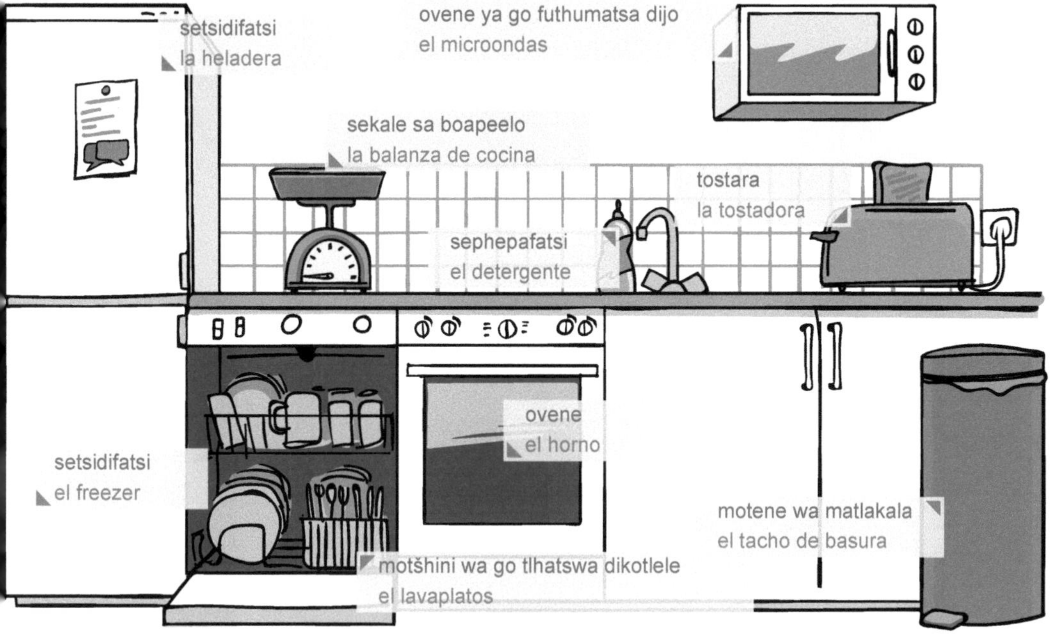

setsidifatsi
la heladera
ovene ya go futhumatsa dijo
el microondas
sekale sa boapeelo
la balanza de cocina
tostara
la tostadora
sephepafatsi
el detergente
ovene
el horno
setsidifatsi
el freezer
motene wa matlakala
el tacho de basura
motšhini wa go tlhatswa dikotlele
el lavaplatos

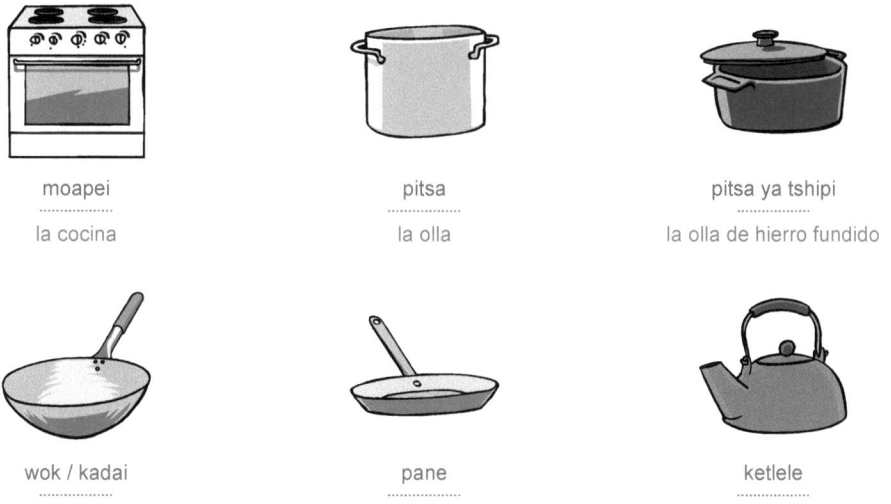

moapei

la cocina

pitsa

la olla

pitsa ya tshipi

la olla de hierro fundido

wok / kadai

el wok

pane

la sartén

ketlele

la pava

sefuthumatsi

la vaporera

terei ya go baka

la bandeja de horno

dintsho

la vajilla

kopi

la taza

sejana

el bol

thobane ya go rema

los palitos

thoka

el cucharón

sepatšhula

la espátula

wiskara

la batidora

setereinara

el colador

setlhotlhi

el colador

greitara

el rallador

kika

el mortero

nama ya kgomo

la parrilla

molelo o o mopepeneneg

la fogata

boroto ya go segela
la tabla de picar

rolara
el palo de amasar

sebula dibotlolo tsa beine

el sacacorchos

moteme
la lata

sebula moteme
el abrelatas

setshwari sa pitsa
la manopla

sinki
la pileta

boratšhe
el cepillo

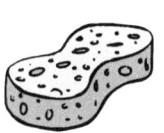

sepontšhe
la esponja

setlhakanya dijo / maungo
la batidora

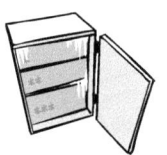

setsidifatsi
el congelador

botlole ya ngwana
la mamadera

tepe
la canilla

phaposi ya go tlhapela
el baño

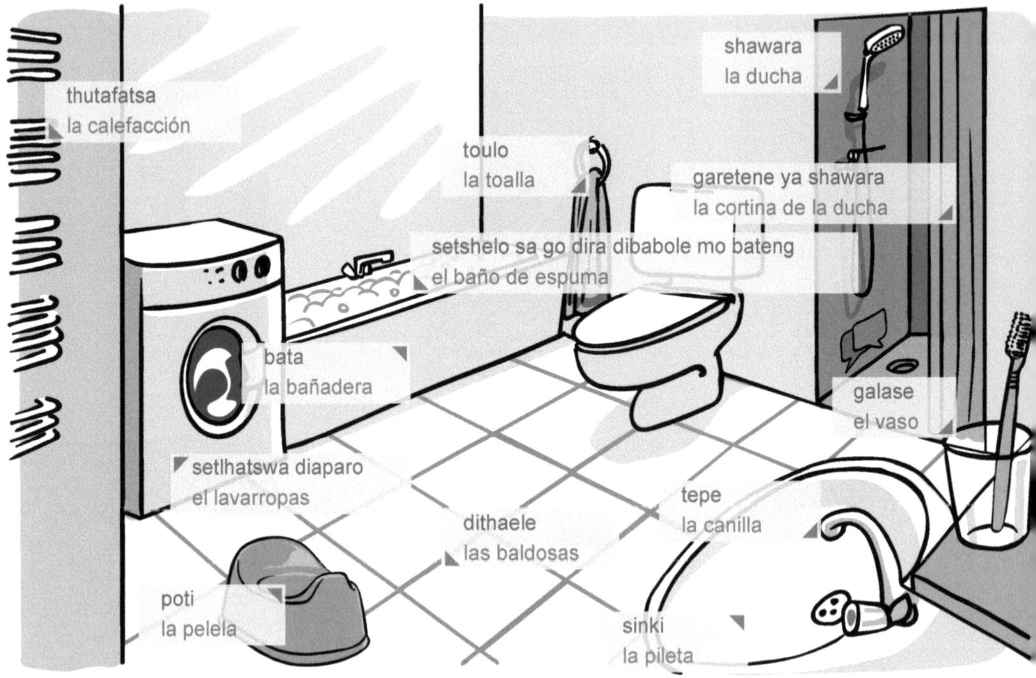

shawara
la ducha
thutafatsa
la calefacción
toulo
la toalla
garetene ya shawara
la cortina de la ducha
setshelo sa go dira dibabole mo bateng
el baño de espuma
bata
la bañadera
galase
el vaso
setlhatswa diaparo
el lavarropas
tepe
la canilla
dithaele
las baldosas
poti
la pelela
sinki
la pileta

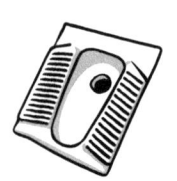

ntlwana

el inodoro

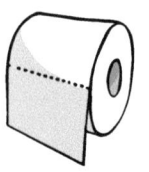

ntlwana ya go kotama

la letrina

bidete

el bidé

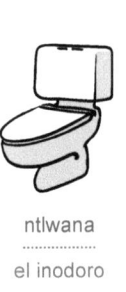

moroto

el mingitorio

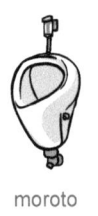

pampiri ya boithomelo

el papel higiénico

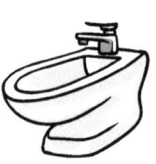

boratšhe jwa ntlwana

el cepillo para el inodoro

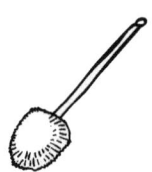

boratše jwa meno

el cepillo de dientes

sesepa sa meno

el dentífrico

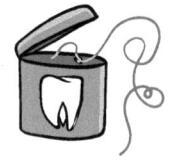

tlhale ya go phepafatsa meno

el hilo dental

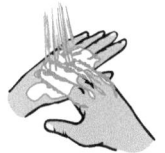

tlhatswa

lavar

shawara ya go itshwarela

la ducha de mano

senkgisa monate

la ducha higiénica

beisini

la palangana

boratše jwa mokwatla

el cepillo para la espalda

sesepa

el jabón

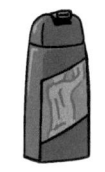

jele ya shawara

el gel de ducha

setlhapisa moriri

el shampoo

folanele

la toallita

mosele

el desagüe

setlolo

la crema

senkgamonate

el desodorante

seipone
el espejo

seipone sa go itshwarela
el espejito

legare
la maquinita de afeitar

foumu ya go ntsha moriri
la espuma de afeitar

foumu ya fa o fetsa go
ntsha moriri
el aftershave

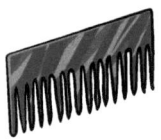

kama
el peine

boratšhe
el cepillo

seomisa moriri
el secador de pelo

seporei sa moriri
el spray

seitlole sa sefatlhego
el maquillaje

setlolo sa molomo
el lápiz de labios

pente ya dinala
el esmalte para uñas

boboa
el algodón

sekere sa dinala
la tijera para uñas

leokwane le le nkgang
monate
el perfume

kgetsana ya go tlhatswa

el portacosméticos

setulo

la banqueta

sekale sa go lekanya

la balanza

seaparo sa botlhapelo

la bata

ditlelafo tsa rekere

los guantes de goma

tempone

el tampón

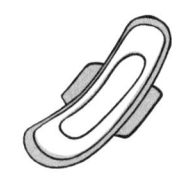

sedirisiwa sa basadi ba ba
mo kgweding

la toallita femenina

ntlwana ya khemikhale

el baño químico

phaposi ya bana
el cuarto de los chicos

tshupanako ya alamo
el despertador
mpopi wa go tlamparela
el peluche
koloi e e tshamekang
el coche de juguete
setšhakgatšhakga
el sonajero
ntlo ya dipompi
la casa de muñecas
poresente
el regalo

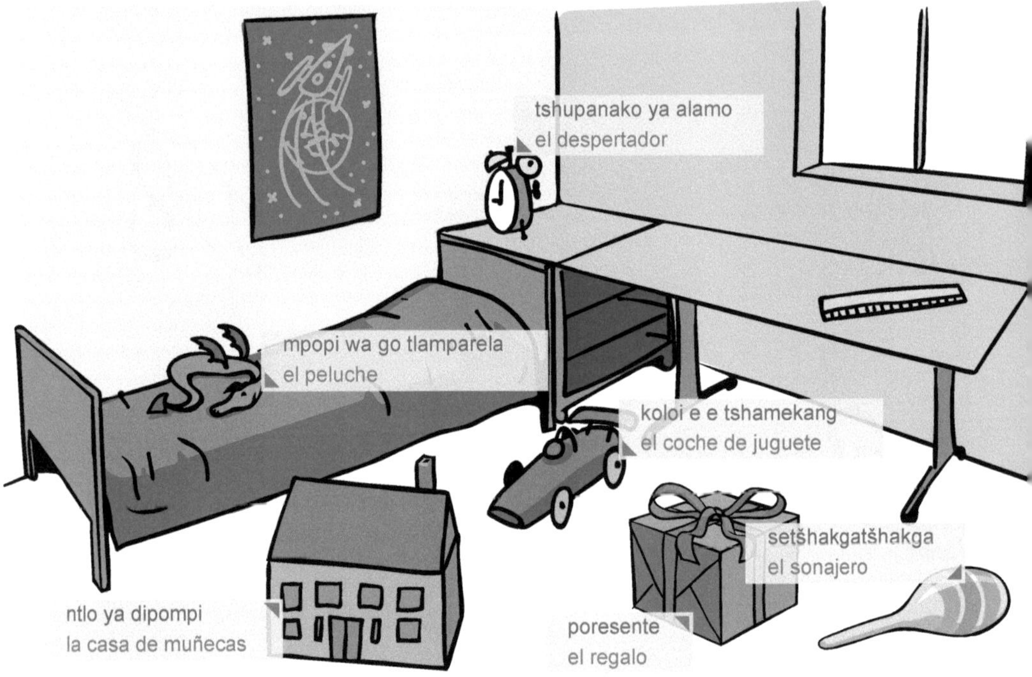

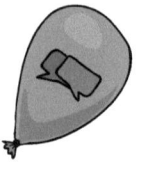

baluni

el globo

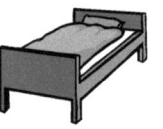

bolao

la cama

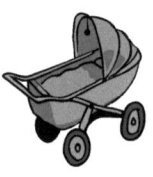

porema

el cochecito

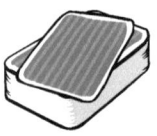

deck of cards

las cartas

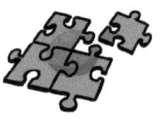

saga ya motlakase

el rompecabezas

SUPER MEGA

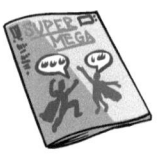

buka ya ditshegisi

la historieta

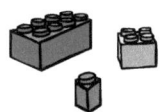

matlapa a go tshameka

las piezas de lego

diboloko tse di tshamekang

los ladrillos de juguete

setshwantsho sa motho

la figura de acción

seaparo sa lesea

el enterito (de bebé)

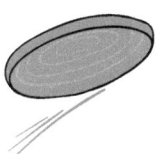

Frisbee

el frisbee

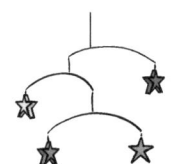

selo sa go letsa mmino mo ditsebeng

el móvil para bebés

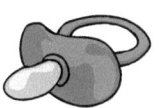

motshameko wa boroto

el juego de mesa

daese

los dados

terena

el tren eléctrico

tami

el chupete

moletlo

la fiesta

buka ya ditshwantsho

el libro de cuentos ilustrado

bolo

la pelota

mpopi

la muñeca

tshameka

jugar

lebala le le naleng santa
el arenero

moswinki
la hamaca

ditshamekisi tsa bana
los juguetes

motshameko wa dibidio
la consola de videojuegos

baesekele ya maotwana a a mararo
el triciclo

bera e e diretsweng go tshamekisa bana
el osito de peluche

raka ya go baya diaparo
el armario

seaparo

la ropa

dikausu
las medias

dikausu tsa basadi
las medias panty

dithaetse
las calzas

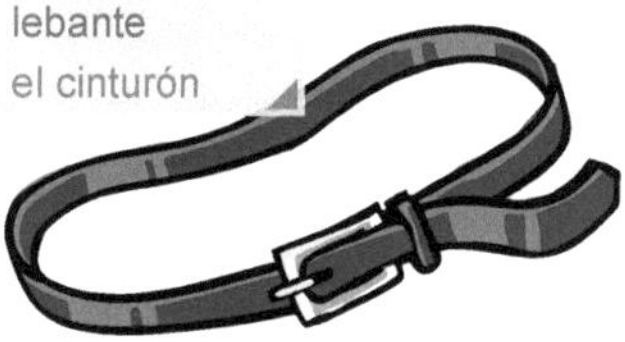

sekhafo
la bufanda

sekhukhu
el paraguas

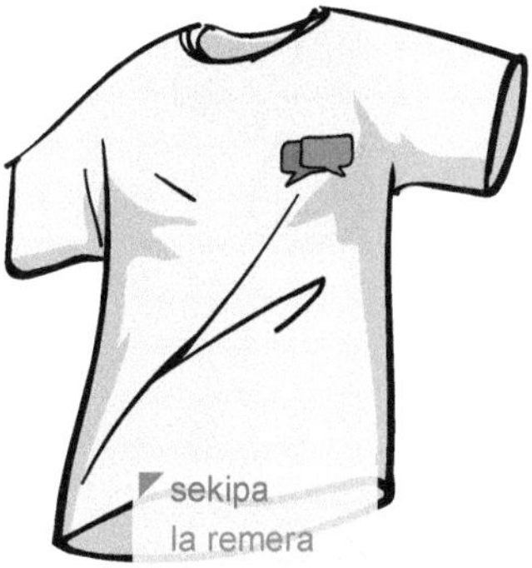

lebante
el cinturón

sekipa
la remera

dibutshi
las botas

disilipara
las pantuflas

diteki
las zapatillas

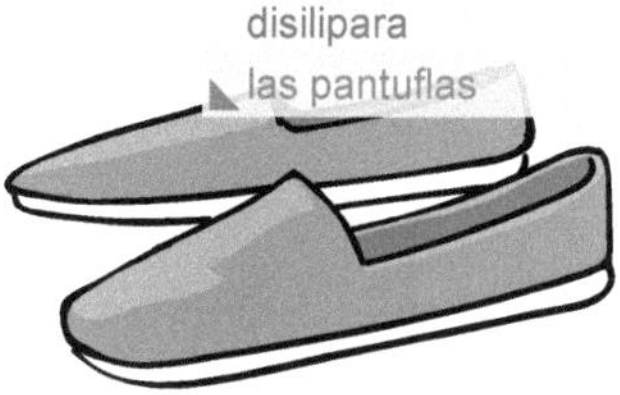

dimphatšhane
las sandalias

ditlhako
los zapatos

dibutshi tsa rekere
las botas de goma

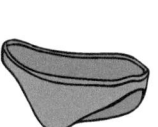

borukgwe jwa kwateng
la ropa interior

boraa
el corpiño

besete
el chaleco

mmele
....
el body

borukgwe
....
los pantalones

bokate
....
los jeans

sekete
....
la pollera

bolaose
....
la blusa

hempe
....
la camisa

jeresi e e senang matsogo
....
el pulóver

jakete e e enaleng hutshe
....
el buzo

boleisara
....
el blazer

jakete
....
la campera

jase
....
el tapado

jase ya pula
....
el piloto

khosetjhumo
....
el traje

mosese
....
el vestido

mosese wa lenyalo
....
el vestido de novia

sutu

el traje

seaparo sa bosigo

el camisón

diaparo tsa go robala

el pijama

sari

el sari

sekhafa sa tlhogo

el pañuelo para la cabeza

turban

el turbante

burqa

la burka

kaftan

el caftán

abaya

la abaya

seaparo sa go thuma

el traje de baño

diteranka

el short de baño

borukgwe jo bo khutshwane

los shorts

terekesutu

el jogging

seaparo sa go phephafatsa

el delantal

ditlelafo

los guantes

talama

el botón

diborele

los anteojos

sebaga

la pulsera

sebaga sa mo thamong

el collar

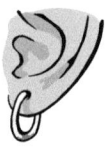

palamonwana

el anillo

lengena

el aro

kepisi

la gorra

sepega baki

la percha

hutshe

el sombrero

tae

la corbata

zepe

el cierre

hutshe ya sethuthuthu

el casco

ditrata tsa meno

los tiradores

diaparo tsa sekolo

el uniforme escolar

diaparo tsa mmereko /
diaparo tsa sekolo

el uniforme

bebe
....
el babero

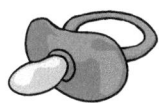

tami
....
el chupete

mongato
....
el pañal

kantoro
la oficina

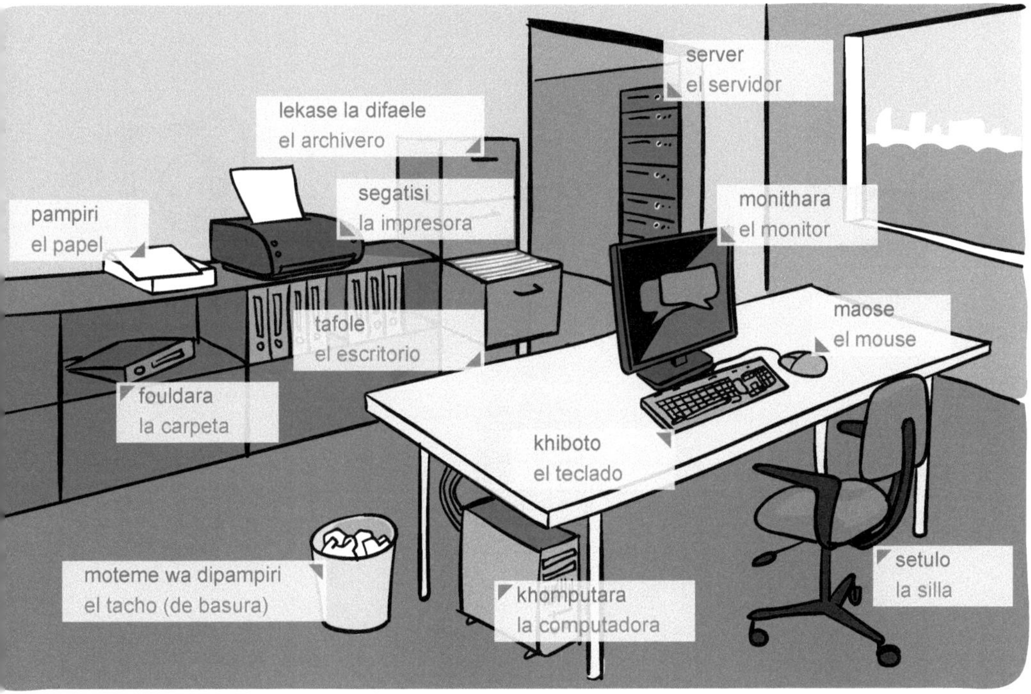

server
el servidor

lekase la difaele
el archivero

segatisi
la impresora

pampiri
el papel

monithara
el monitor

tafole
el escritorio

maose
el mouse

fouldara
la carpeta

khiboto
el teclado

setulo
la silla

moteme wa dipampiri
el tacho (de basura)

khomputara
la computadora

kopi
....
la taza de café

khalkhuleitara
....
la calculadora

inthanete
....
el internet

lapothopo

la laptop

lekwalo

la carta

molaetsa

el mensaje

mogala wa letheka

el celular

kgolagano ya megala

la red

segatisa dipampiri

la fotocopiadora

software

el software

mogala

el teléfono

sokete ya polaka

el tomacorriente

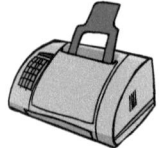

motšhini wa fekese

el fax

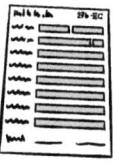

foromo

el formulario

setlankana

el documento

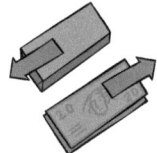

reka

comprar

patela

pagar

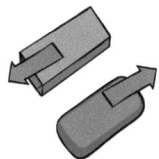

rekisa

hacer negocios

madi / tšhelete

el dinero

dolara

el dólar

euro

el euro

yen

el yen

roubele

el rublo

swiss franc

el franco suizo

renminbi yuan

el yuan

rupee

la rupia

lefelo la madi

el cajero automático

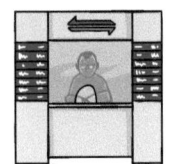

kantoro ya go fetola madi

la casa de cambio

gauta

el oro

selefera

la plata

oli

el petróleo

maatla

la energía

tlhwatlhwa

el precio

konteraka

el contrato

lekgetho

el impuesto

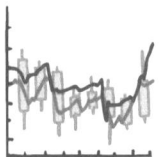

setoko

la acción

dira

trabajar

mothapiwa

el empleado

mothapi

el empleador

bodirelo

la fábrica

lebenkele

el negocio

maemo
las ocupaciones

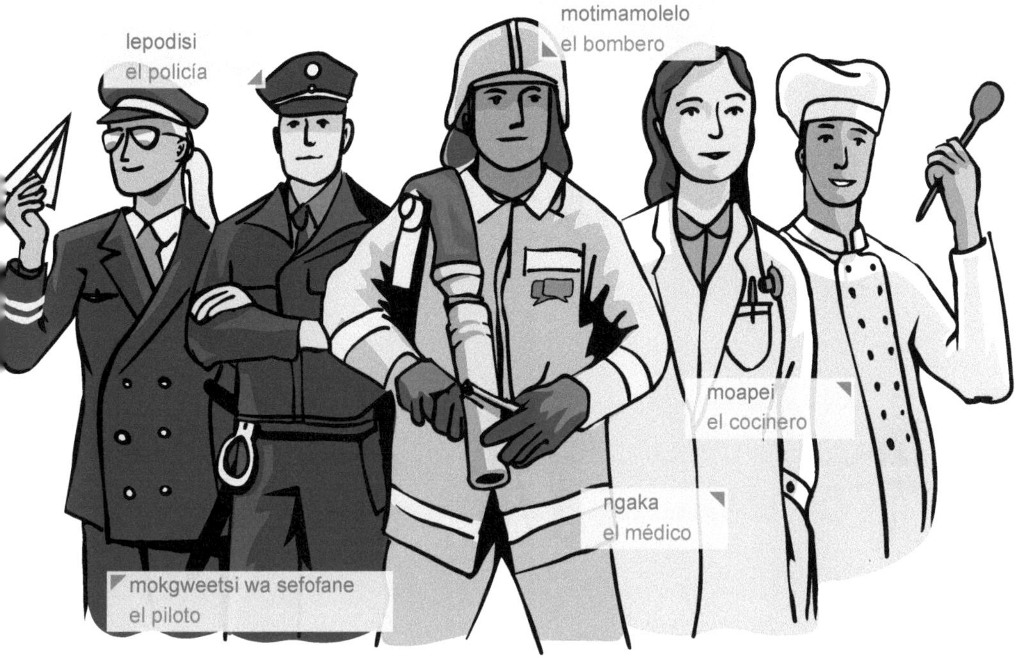

motimamolelo
el bombero
lepodisi
el policía
moapei
el cocinero
ngaka
el médico
mokgweetsi wa sefofane
el piloto

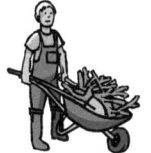

ratshingwana
el jardinero

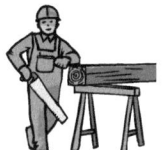

mmetli wa dikgong
el carpintero

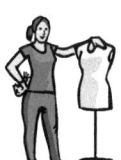

moroki
la modista

moatlhodi
el juez

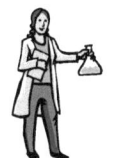

moitse wa melemo
el farmacéutico

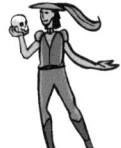

modiragatsi
el actor

mokgweetsi wa bese

el colectivero

mokgweetsi wa tekisi

el taxista

motshwari wa ditlhapi

el pescador

Mme yo o phepafatsang

la mucama

moruledi

el techista

weitara

el mozo

motsumi

el cazador

motaki

el pintor

mmesi wa senkgwe

el panadero

ramotlakase

el electricista

moagi

el albañil

moenjenere

el ingeniero

mosegi wa nama

el carnicero

motsenyi wa diphaepe tsa metsi

el plomero

motsamaisa poso

el cartero

leshole

el soldado

modiri wa dipolane

el arquitecto

morekisi

el cajero

morekisi wa malomo

el florista

mokgabisamoriri

el peluquero

kondactara

el cobrador

mokheneke

el mecánico

mokapeteine

el capitán

ngaka ya meno

el dentista

Rasaense

el científico

moruti

el rabino

imam

el imán

moitlami

el monje

moruti

el sacerdote

didiriswa
las herramientas

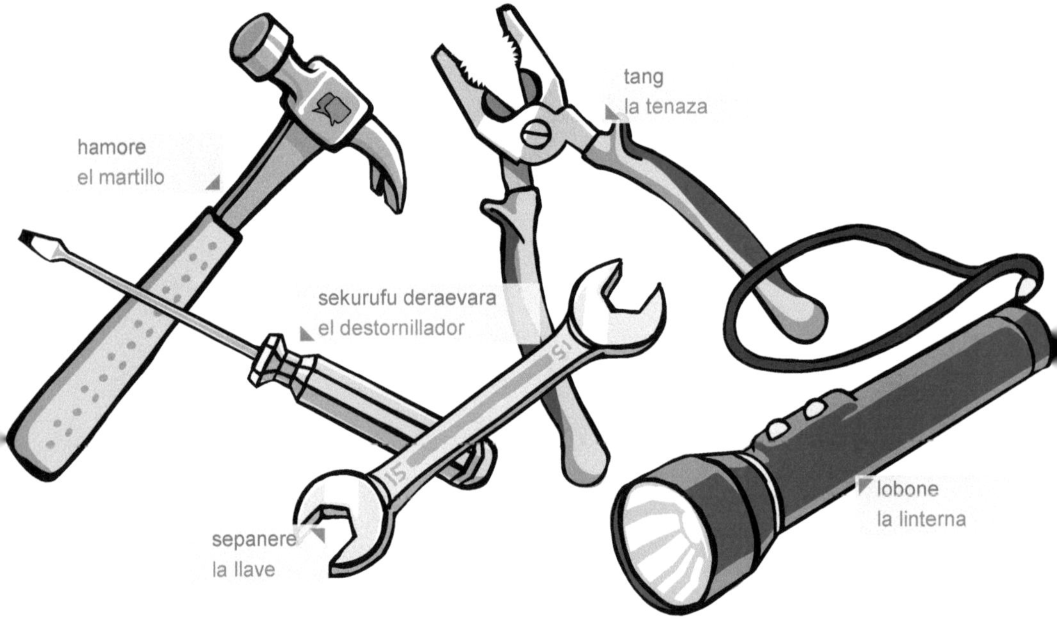
hamore
el martillo
tang
la tenaza
sekurufu deraevara
el destornillador
sepanere
la llave
lobone
la linterna

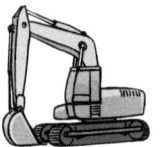

moepi

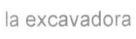

la excavadora

bokoso ya didirisiwa

la caja de herramientas

lere

la escalera portátil

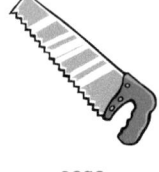

saga

la sierra

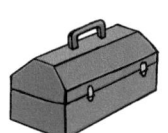

dipekere

los clavos

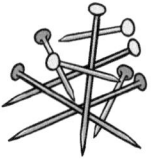

sebori

el taladro

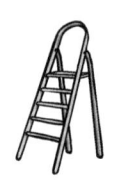

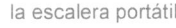

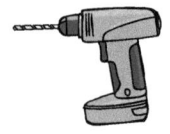

baakanya
arreglar

garawe
la pala de jardín

ijaa!
¡Qué bronca!

seolela matlakala
la pala de plástico

pitsa ya pente
el tacho de pintura

sekurufu
los tornillos

didirisiwa tsa mmino
los instrumentos musicales

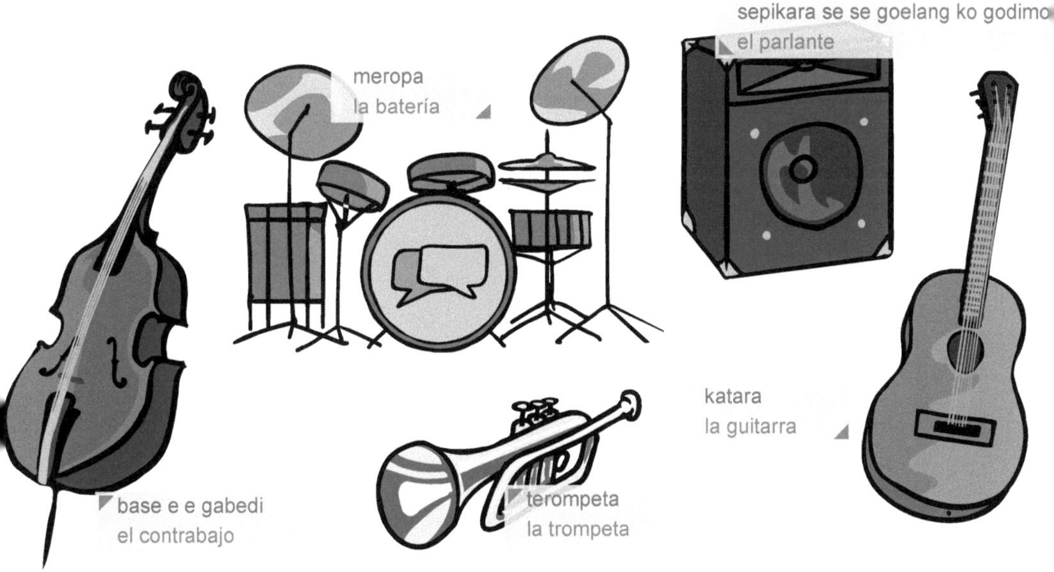

meropa
la batería

sepikara se se goelang ko godimo
el parlante

base e e gabedi
el contrabajo

terompeta
la trompeta

katara
la guitarra

piano

el piano

bayolini

el violín

base

el bajo

timpane

los timbales

meropa

el tambor

khiboto

el teclado

sekesofone

el saxofón

phala

la flauta

sebuela godimo

el micrófono

lefelo la go bonela diphologolo
el zoológico

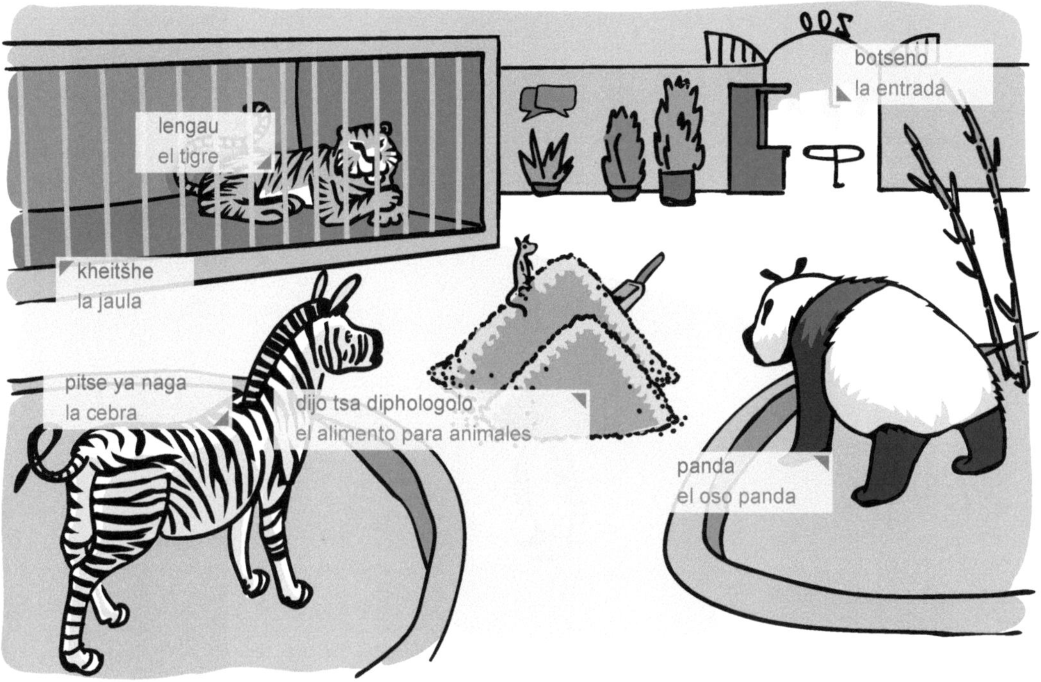
botseno
la entrada
lengau
el tigre
kheitšhe
la jaula
pitse ya naga
la cebra
dijo tsa diphologolo
el alimento para animales
panda
el oso panda

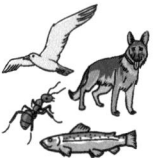

diphologolo
los animales

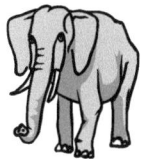

tlou
el elefante

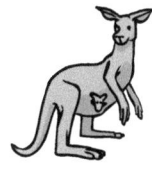

dikhankaruu
el canguro

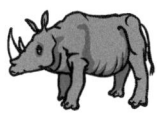

tshukudu
el rinoceronte

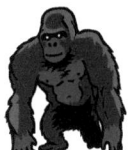

tshweni
el gorila

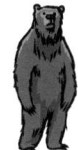

bera
el oso

kamela

el camello

kalakune

el avestruz

tau

el león

tshwene

el mono

flamingo

el flamenco

papalagae

el loro

bera e e dulang ko lefelong
le le tsididi thata

el oso polar

nonyane tsa lewatle

el pingüino

leruarua

el tiburón

phikoko

el pavo real

noga

la serpiente

kwena

el cocodrilo

motlhokomedi wa
diphologolo

el cuidador del zoológico

sili

la foca

katse

el jaguar

petsana

el poni

lengau

el leopardo

tshukudu

el hipopótamo

thutlwa

la jirafa

ntsu

el águila

dikolobe tsa naga

el jabalí

tlhapi

el pescado

khudu

la tortuga

walrus

la morsa

ntja ya naga

el zorro

tshephe

la gacela

kgwele ya dinao ya Amerika
el fútbol americano

motshameko wa baesekele
el ciclismo

tenese
el tenis

baseketebolo
el básquet

thuma
la natación

motshameko wa go lwa ka diatla
el boxeo

hockey ya mo aeseng
el hockey sobre hielo

kgwele ya dinao
el fútbol

badminthone
el bádminton

atletiki
el atletismo

kgwele ya diatla
el handball

skiing
el esquí

polo
el polo

didirwa

las actividades

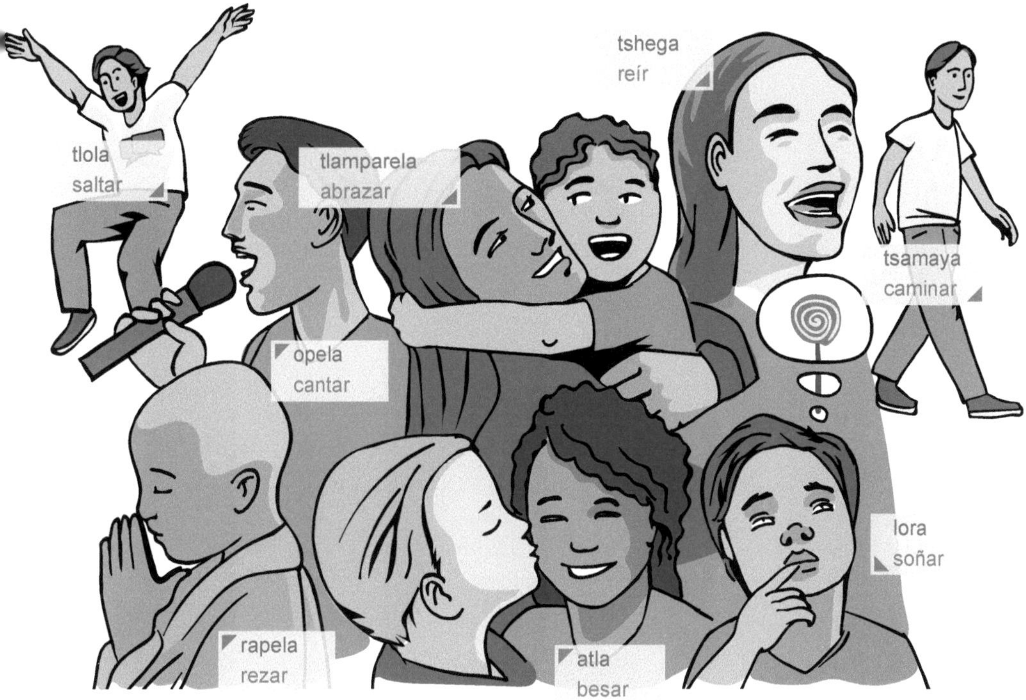
tshega
reír
tlola
saltar
tlamparela
abrazar
tsamaya
caminar
opela
cantar
lora
soñar
rapela
rezar
atla
besar

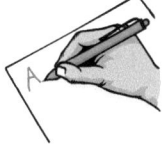

kwala

escribir

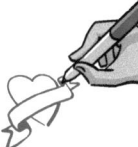

torowa

dibujar

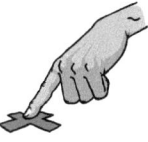

bontsha

mostrar

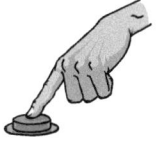

kgorometsa

presionar

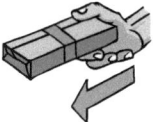

naya

dar

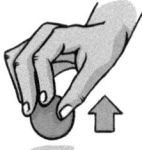

tsaya

tomar

go nna

tener

dira

hacer

nna

ser

ema

estar parado

taboga

correr

goga

tirar

latlha

tirar

wa

caer

maaka

estar acostado

ema

esperar

tsholetsa

llevar

dula

estar sentado

apara

vestirse

robala

dormir

tsoga

despertar

leba

mirar

lela

llorar

thuma ka lemorago

acariciar

kama

peinar

bua

hablar

tlhaloganya

entender

botsa

preguntar

reetsa

escuchar

nwa

beber

ja

comer

phepafatsa

ordenar

lorato

amar

apaya

cocinar

kgweetsa

manejar

fofa

volar

seila

navegar

khalkhuleitara

calcular

bala

leer

ithute

aprender

dira

trabajar

nyala

casarse

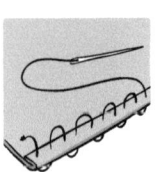

roka

coser

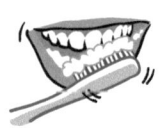

tlhapa meno

cepillarse los dientes

bolaya

matar

tsuba

fumar

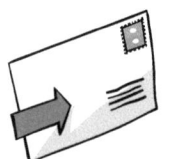

romela

enviar

lelapa
la familia

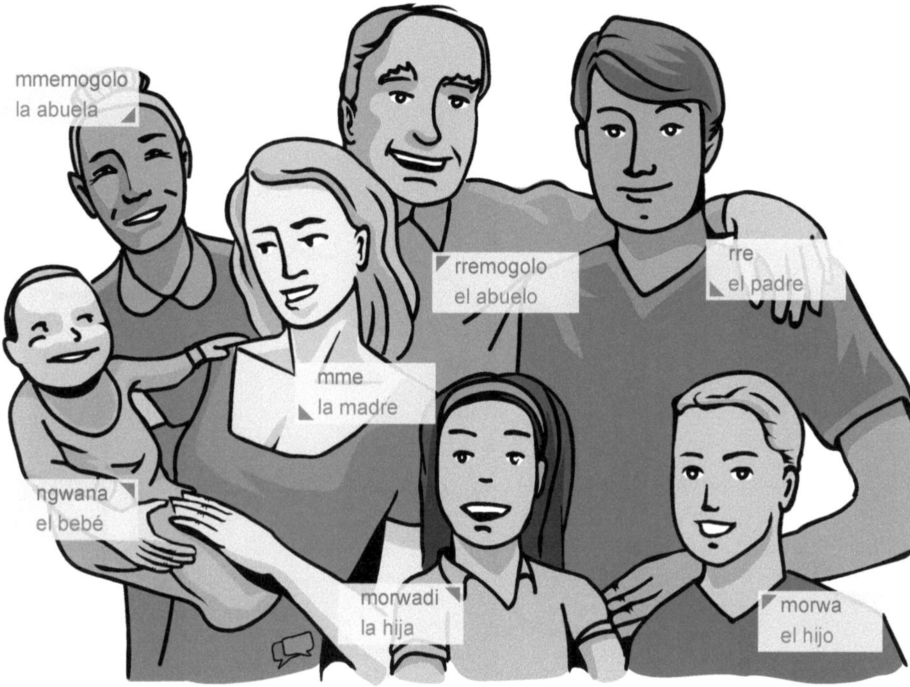
mmemogolo
la abuela
rremogolo
el abuelo
rre
el padre
mme
la madre
ngwana
el bebé
morwadi
la hija
morwa
el hijo

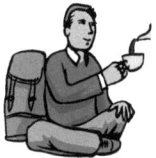

moeng
el invitado

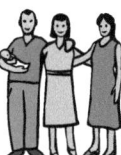

mmangwane
la tía

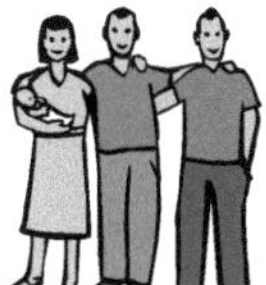
malome
el tío

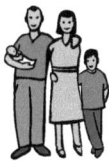

abuti
el hermano

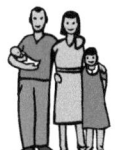

ausi
la hermana

mmele
el cuerpo

phatlha
la frente
leitlho
el ojo
legetla
el hombro
monwana
el dedo
sefatlhego
la cara
seledu
la pera
seatla
la mano
leoto
la pierna
letsele
el pecho
letsogo
el brazo

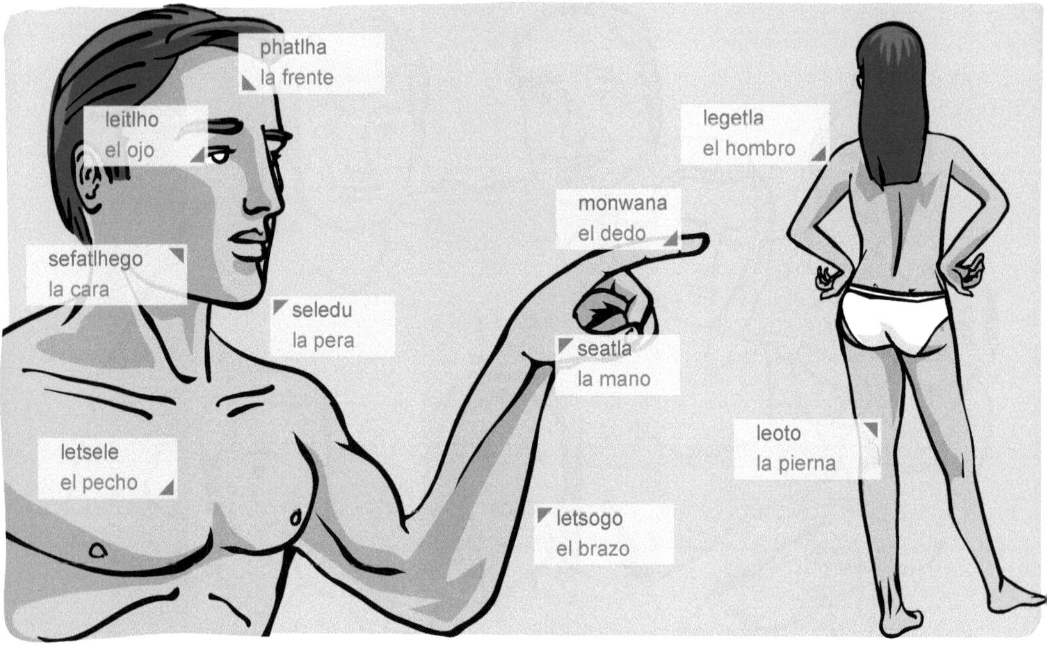

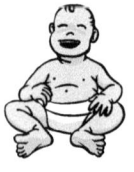

ngwana

el bebé

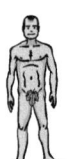

monna

el hombre

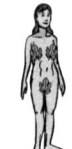

mosadi

la mujer

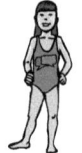

mosetsana

la nena

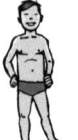

mosimane

el nene

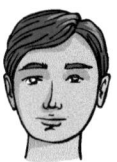

tlhogo

la cabeza

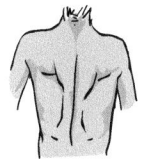

mokwatla

la espalda

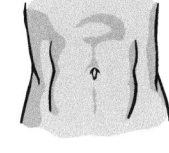

mpa

la panza

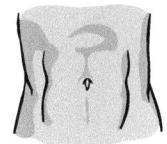

khubu

el ombligo

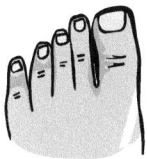

monwana

el dedo del pie

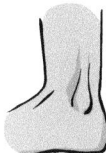

serethe

el talón

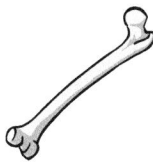

lerapo

el hueso

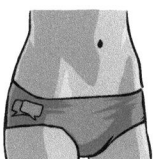

letheka

la cadera

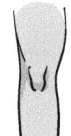

lengole

la rodilla

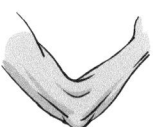

sekgono

el codo

nko

la nariz

ko tlase

la cola

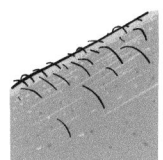

letlalo

la piel

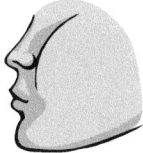

lerama

el cachete

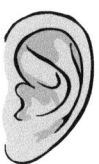

tsebe

la oreja

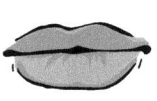

pounama

el labio

molomo

la boca

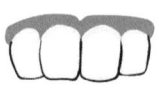

leino

el diente

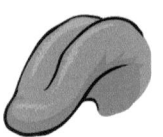

loleme

la lengua

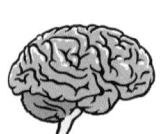

boboko

el cerebro

pelo

el corazón

maatla

el músculo

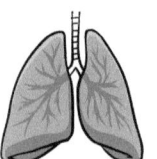

lekgwafo

el pulmón

sebete

el hígado

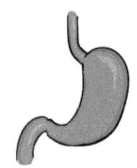

mala

el estómago

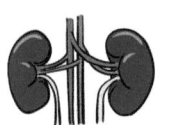

diphio

los riñones

bong

el sexo

mosomelwana

el preservativo

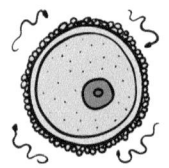

sebelegi sa ngwana

el óvulo

semen

el semen

moimana

el embarazo

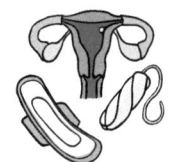

dinako tsa go tla ka kgwedi
tsa basadi
·················
la menstruación

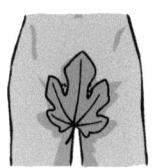

serwe sa mosadi
·················
la vagina

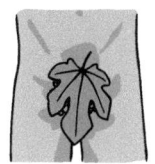

serwe sa monna
·················
el pene

dintshi
·················
la ceja

moriri
·················
el pelo

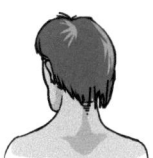

thamo
·················
el cuello

sepetlele

el hospital

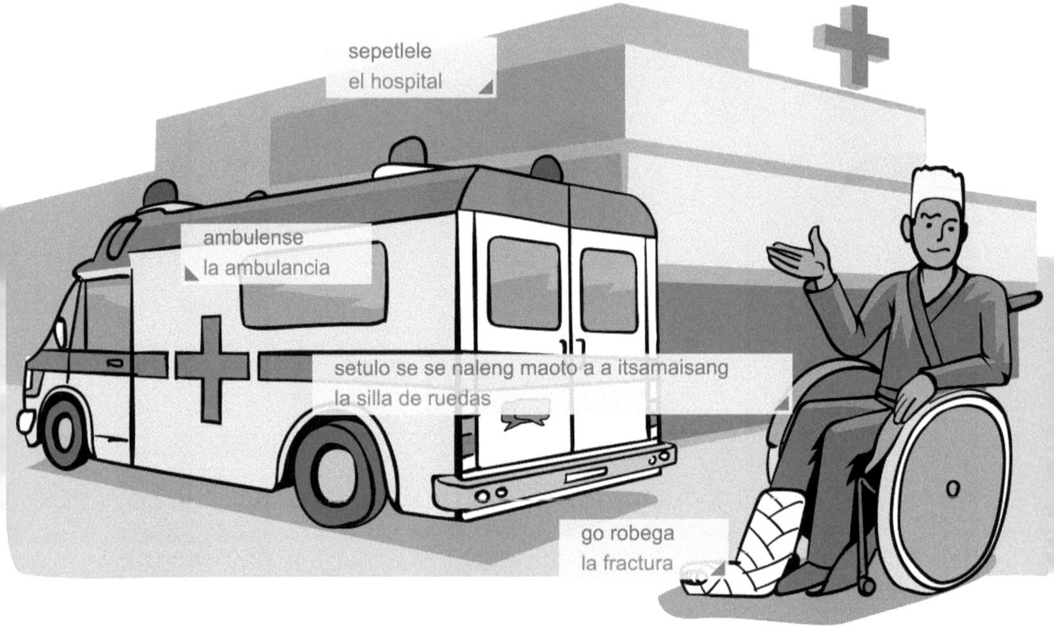

sepetlele
el hospital
ambulense
la ambulancia
setulo se se naleng maoto a a itsamaisang
la silla de ruedas
go robega
la fractura

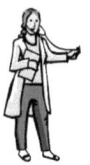

ngaka

el médico

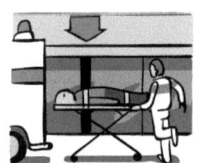

phaphosi ya tshoganyetso

la sala de guardia

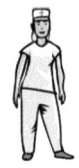

mooki

la enfermera

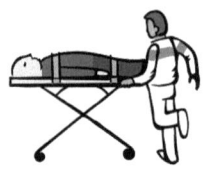

tshoganyetso

la emergencia

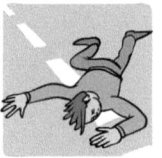

idibala

inconsciente

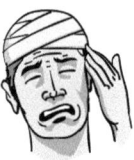

setlhabi

el dolor

kgobalo

la lesión

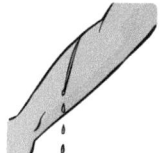

go dutla madi

la hemorragia

tlhaselo ya pelo

el infarto

setorouko

el ACV

bolwetsi

la alergia

go gotlhola

la tos

fulu

la fiebre

fulu

la gripe

letshololo

la diarrea

opiwa ke tlhogo

el dolor de cabeza

kankere

el cáncer

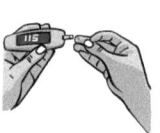

sukiri ya mmele

la diabetes

moari

el cirujano

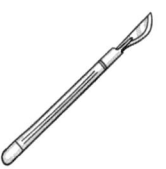

sekalepele

el bisturí

karo

la operación

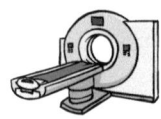

CT
la TC

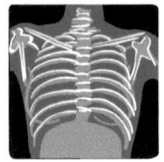

x-ray
los rayos x

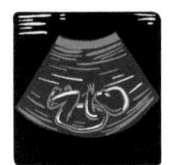

motšhini wa go leba mo mpeng
la ecografía

sesira sefatlhego
el barbijo

twatsi
la enfermedad

phaposi boletelo
la sala de espera

dithobane
la muleta

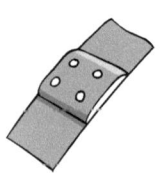

polasetara
la curita

sefapho
la venda

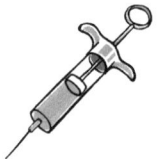

lemao
la inyección

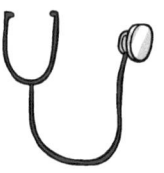

setetosekoupu
el estetoscopio

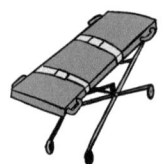

seteretšhara
la camilla

themometara ya bongaka
el termómetro

pelegi
el nacimiento

bokima jwa mmele
el sobrepeso

sedirisiwa sa go thusa go utlwa

el audífono

sesireletsa dintho

el desinfectante

tshwaetso

la infección

mogare

el virus

HIV / AIDS

el VIH / SIDA

melemo

el remedio

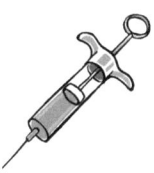

mokento

la vacunación

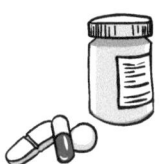

thabolete

los comprimidos

pilisi

la pastilla anticonceptiva

mogala wa tshoganyetso

la llamada de emergencia

motšhini wa go ela tlhoko kgatelelo ya madi

el tensiómetro

lwala / itekanetse

enfermo / sano

Thusa!

¡Ayuda!

alamo

la alarma

tshotlako

la agresión

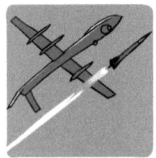

tlhasela

el ataque

kotsi

el peligro

kgoro ya tshoganyetso

la salida de emergencia

Molelo!

¡Fuego!

setima moleleo

el matafuego

kotsi

el accidente

khiti ya go thusa ka dikgobalo

el botiquín de primeros auxilios

SOS

el SOS

lepodisi

la policía

Yuropa

Europa

Bokone jwa Amerika

América del Norte

Borwa jwa Amerika

América del Sur

Aforika

África

Asia

Asia

Australia

Australia

Atlantic

el Atlántico

Pacific

el Pacífico

Lewatle la India

el Océano Índico

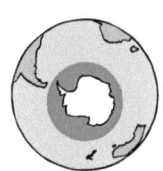

Lewatle la Antarctic

el Océano Antártico

Lewatle la Arctic

el Océano Ártico

Bokone

el polo norte

Borwa

el polo sur

Antartica

la Antártida

Lefatshe

la Tierra

lefatshe

la tierra

lewatle

el mar

losi lwa lewatle

la isla

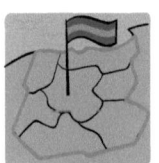

lotso

la nación

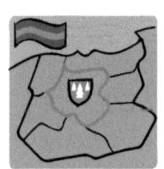

boemo

el estado

lentle la tshupanako

la esfera

letsogo la ura

la manecilla de las horas

letsogo la metsotso

el minutero

letsogo la metsotswana

el segundero

ke nako mang?

¿Qué hora es?

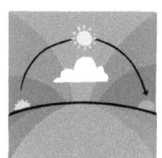

letsatsi

el día

nako

la hora

go ne jaanong

ahora

tshupanako ya dijithale

el reloj digital

metsotso

el minuto

ura

la hora

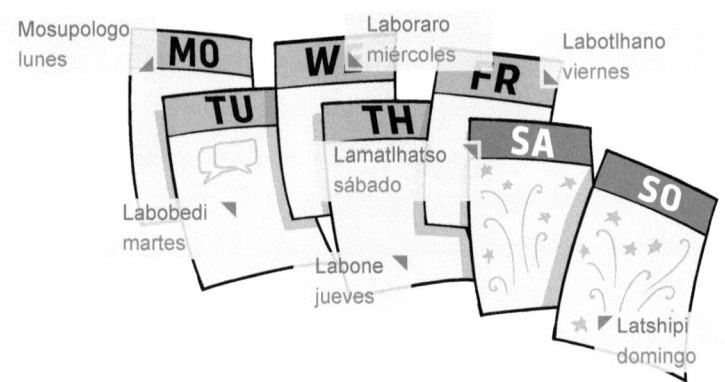

Mosupologo
lunes

Laboraro
miércoles

Labotlhano
viernes

Labobedi
martes

Lamatlhatso
sábado

Labone
jueves

Latshipi
domingo

maabane

ayer

gompieno

hoy

kamoso

mañana

moso

la mañana

thapama

el mediodía

maitseboa

la tarde

MO	TU	WE	TH	FR	SA	SU
1	2	3	4	5	6	7
8	9	10	11	12	13	14
15	16	17	18	19	20	21
22	23	24	25	26	27	28
29	30	31	1	2	3	4

malatsi a tiro

los días hábiles

MO	TU	WE	TH	FR	SA	SU
1	2	3	4	5	6	7
8	9	10	11	12	13	14
15	16	17	18	19	20	21
22	23	24	25	26	27	28
29	30	31	1	2	3	4

mafelo a beke

el fin de semana

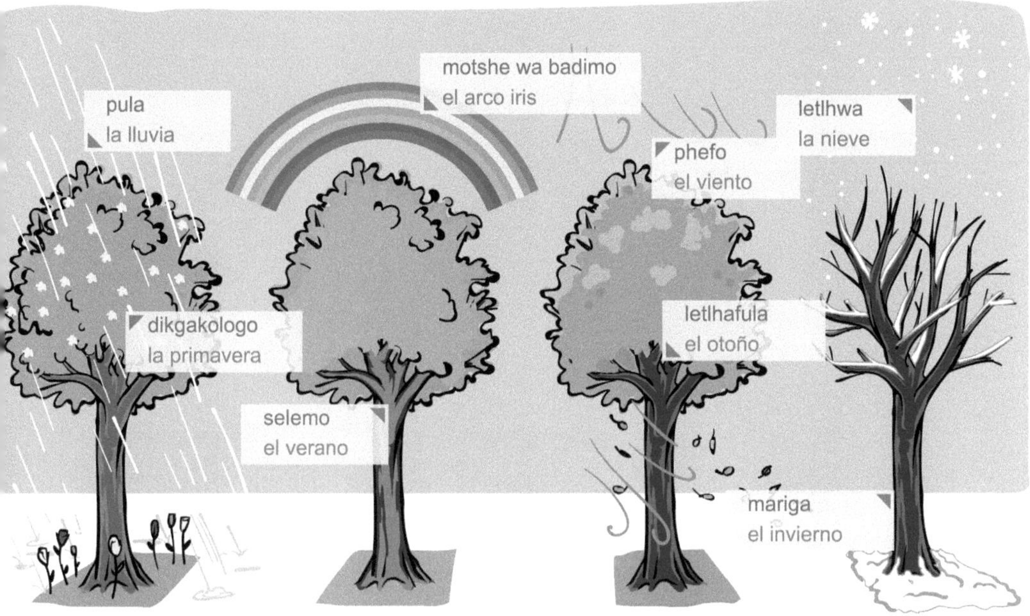

pula
la lluvia

motshe wa badimo
el arco iris

letlhwa
la nieve

phefo
el viento

dikgakologo
la primavera

letlhafula
el otoño

selemo
el verano

mariga
el invierno

botsogo jwa loapi

el pronóstico meteorológico

themomithara

el termómetro

letsatsi

la luz del sol

leru

la nube

mouwane

la niebla

humidity

la humedad

legadima

el rayo

modumo wa maru

el trueno

matsubutsubu

la tormenta

sefako

el granizo

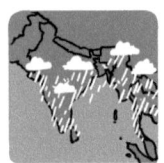

monsoon

el monzón

morwalela

la inundación

aese

el hielo

Ferikgong

enero

Tlhakole

febrero

Mopitlwe

marzo

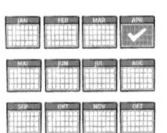

Moranang

abril

Motsheganong

mayo

Seetebosigo

junio

Phukwi

julio

Phatwe

agosto

Lwetse

septiembre

Diphalane

octubre

Ngwanaatsele

noviembre

Sedimonthole

diciembre

dipopego
las formas

kgolokwe

el círculo

khutlonne

el cuadrado

khutlonnetsepa

el rectángulo

khutlotharo

el triángulo

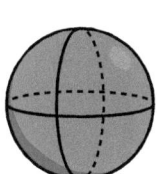

khutlo

la esfera

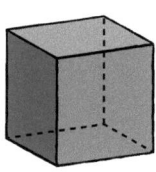

khiubu

el cubo

tshweu

blanco

serolwana

amarillo

mmala wa namune

naranja

pinki

rosa

khibidu

rojo

bohibidu jo bo mokgona

violeta

pududu

azul

tala

verde

tshetlha

marrón

tshetlha

gris

ntsho

negro

go le gontsi / go nnye

mucho / poco

go kwata / go ritibala

enojado / tranquilo

montle / maswe

lindo / feo

tshimologo / bofelo

el principio / el fin

tonna / nnyane

grande / chico

lesedi / lefifi

claro / oscuro

abuti / ausi

el hermano / la hermana

phepa / leswe

limpio / sucio

feletse / go sa felela

completo / incompleto

motshegare / bosigo

el día / la noche

o sule / o a tshela

muerto / vivo

bophara / tshesane

ancho / angosto

ya jega / ga e jege

comestible / no comestible

bosula / molemo

malo / amable

go itumela thata / go se itumele

entusiasmado / aburrido

nonne / tshesane

gordo / flaco

ntlha / bofelo

primero / último

tsala / sera

el amigo / el enemigo

tletse / lolea

lleno / vacío

thata / bonolo

duro / blando

bokete / motlhofo

pesado / liviano

tlala / lenyora

el hambre / la sed

lwala / itekanetse

enfermo / sano

dumelesega / dumeletswe

ilegal / legal

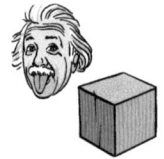

botlhale / sematla

inteligente / estúpido

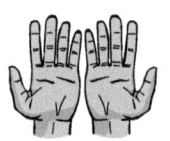

molema / moja

izquierda / derecha

gaufi / kgakala

cerca / lejos

sesha / ya kgale

nuevo / usado

sepe / sengwe

nada / algo

mogolo / mosha

viejo / joven

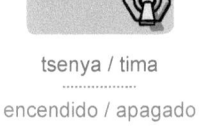

tsenya / tima

encendido / apagado

bula / tswetswe

abierto / cerrado

tidimalo / modumo

silencioso / ruidoso

khumo / lehuma

rico / pobre

siame / phoso

correcto / incorrecto

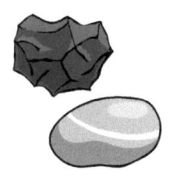

ditlhotlhori / borethe

áspero / suave

hutsafetse / itumetse

triste / contento

khutshwane / telele

corto / largo

bonya / bonako

lento / rápido

metsi / omile

mojado / seco

mololo / tsididi

caliente / frío

ntwa / kagiso

guerra / paz

0

lefela

cero

1

nngwe

uno

2

pedi

dos

3

tharo

tres

4

nne

cuatro

5

tlhano

cinco

6

thataro

seis

7

supa

siete

8

robedi

ocho

9

robonngwe

nueve

10

lesome

diez

11

some nngwe

once

12

some pedi

doce

13

some tharo

trece

14

some nne

catorce

15

some tlhano

quince

16

some thataro

dieciséis

17

some supa

diecisiete

18

some robedi

dieciocho

19

some robonngwe

diecinueve

20

masomamabedi

veinte

100

lekgolo

cien

1.000

sekete

mil

1.000.000

milione

el millón

Sejatlhapi

el inglés

Sejatlhapi sa Amerika

el inglés americano

se-China

el chino mandarín

se-Hindi

el hindi

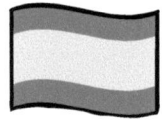

se-Spanish

el español

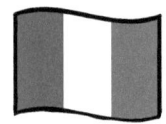

se-For a

el francés

se-Araba

el árabe

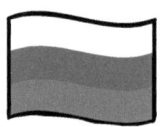

se-Russia

el ruso

se-Potokisi

el portugués

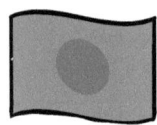

se-Bengali

el bengalí

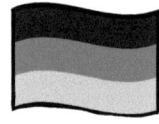

se-Jeremane

el alemán

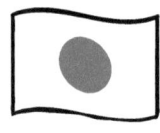

se-Japane

el japonés

Nna

yo

wena

vos

ene / ene / sone

él / ella

re

nosotros

wena

ustedes

bone

ellos

mang?

¿quién?

eng?

¿qué?

jang?

¿cómo?

kae?

¿dónde?

leng?

¿cuándo?

leina

el nombre

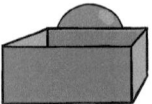

mo morago

detrás

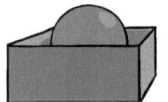

mo

en

fa pele ga

adelante de

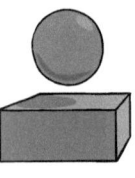

godimo

por encima de

mo

sobre

fa tlase

debajo de

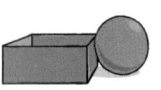

mo thoko

al lado de

magareng

entre

lefelo

el lugar